10대를 위한

정치를 바꾼
결정적 질문

정치를 바꾼 바꾼

10대를 위한

박미연 지음

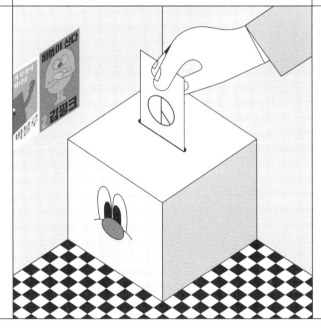

결정적 질문

다른

청소년이 만들어 갈 미래 사회를 위하여

학교에서 20여 년 넘게 학생들을 만나며 청소년이 얼마나 세상 일에 관심이 많은지, 더 나은 세상을 위한 활력 넘치는 아이디어 들을 얼마나 많이 가졌는지 보아 왔습니다. 그런데 안타깝게도 요즘 청소년들은 세상 돌아가는 일에 관심을 기울일 시간이 충 분하지 않은 것 같습니다.

몸과 마음이 자라기에도 바쁜데, 살아가기 위해 배울 것도 많고, 진학하는 데 필요한 지식을 익히느라 다른 데 신경 쓸 겨를이 없 기 때문입니다.

청소년들이 세상을 돌보는 일에 충분한 시간적 여유를 갖도록 우리 어른들이 사회적·제도적 환경을 바꾸는 데 힘썼으면 합니다. 청소년들은 세상 문제를 골똘히 생각하고 친구들과 이모저모 따 져서 자신만의 생각을 만들면서 쑥쑥 자랍니다. 어떤 세상에서 어떻게 살아갈지 궁리하고 배우는 것이 청소년에게 가장 중요한 일이라고 저는 늘 생각합니다.

글을 쓰는 내내 청소년들이 우리 사회에서 꼭 관심을 두었으면 하는 일들이 무엇일까 고민했습니다. 또한 우리 사회가 어디에서 시작되고 어떤 과정을 거쳐 지금의 모습으로 형성되었는지 알면 앞으로 자신들이 살아갈 세상을 어떻게 만들어 갈지도 자연스럽게 상상해 볼 수 있으리라 기대했습니다.

우리나라는 그동안 시민의 피, 땀, 눈물로 오늘날과 같은 단단한 민주주의 사회의 기반을 마련했습니다. 그 결과 식민지에서 벗어난 아시아, 아프리카의 수많은 나라 가운데 유일하게 민주주의와 경제 성장이라는 두 가지 과제를 성공적으로 수행한 나라로 손꼽힙니다. 게다가 지난 몇 년간 코로나19를 겪으며 전 세계가 'K-방역'을 주목할 정도로 국가는 국민의 건강과 생명을 지키는 데 최선을 다하고 시민은 방역 수칙을 철저하게 지켜 이웃과 공존하기 위해 애써 왔습니다. 과연 우리 사회는 어떠한 길을 걸어왔기에 이처럼 안정적인 국가 시스템과 성숙한 시민 의식을 갖추게 되었을까요?

이 책은 바로 한국 현대사에서 시민들이 수많은 사건, 사고를 거치며 정치를 바꾸기 위해 던진 질문들이 오늘날 우리 사회를 만들었다는 점에 주목했습니다. 그동안 시민들은 더 나은 세상을 만들기 위해 수많은 질문을 품고 행동했습니다. 그 질문들을 해결하기 위해 구체적으로 어떻게 투쟁했고 또 어떤 대가를 치렀는지 고군분투의 과정을 이 책에서 다룹니다.

한 가지 분명한 사실은 이 모든 과정이 '어떻게 하면 우리 사회의 모든 구성원이 인간다운 삶과 자유를 평등하게 누릴 수 있을까' 하는 질문에서 비롯되었다는 점입니다. 우리 사회는 그동안 정치·경제·사회적으로 눈부신 발전을 이루었습니다. 그러나 여전히 빈곤과 불공정의 그늘도 짙습니다. 또한 세계 유일의 분단국가로 전쟁의 공포에서 자유롭지 않습니다. 앞으로 우리 사회가 풀어내야 할 다양한 질문들을 품고 있다는 이야기입니다. 현재진행형의 질문들에 대해서 어른뿐만 아니라 청소년도 함께 고민하고 응답해 주면 좋겠습니다. 그동안 우리 사회를 바꾸었던 질문들이 청소년들에게도 이어지기를 바랍니다.

책이 제대로 된 모습을 갖추는 데 많은 분이 도움을 주셨습니다. 아낌없는 조언으로 초보 필자가 헤맬 때마다 좋은 길잡이가 되어 주신 도서출판 다른 편집팀께 먼저 감사 인사를 드립니다. 방향에 대해 고민하는 글쓰기가 되도록 잘 잡아 주셨습니다. 동생 자영, 주연에게도 고마움을 전합니다. 잘되어가느냐는 주기적인 안부가 큰 힘이 되었습니다. 무조건 응원해 준 그림친구 옥강과 햄토리에게도 고마움을 전합니다.

쟁점이 되는 여러 사안에 대해 다양한 시각을 균형 있게 전하려 마음을 썼습니다. 혹시 기울어진 부분이 보인다면 독자가 스스로 비판적인 시각에서 자신만의 생각을 가다듬고 정리해 보길 바랍니다. 모쪼록 이 책이 청소년들이 세상을 보는 시야를 넓히는 데 도움이 되었으면 좋겠습니다.

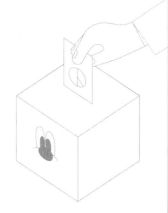

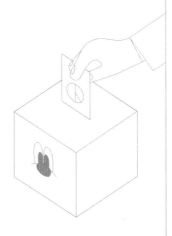

나라의 주인

결정적 질문 ①

독재를

막을 수 있을까?

나라의 주인은 누구일까요? 여러분 대다수는 '국민'이라고 대답할 것입니다. 지금 우리는 민주주의 시대에 살고 있고 왕이나 귀족, 양반 같은 특권층이 권력을 누리던 시절은 아주 먼 옛날 일이니까요. 하지만 그리 멀지 않던 때에 대통령 한 사람이 권력을 움켜쥐고 국민의 자유와 인권을 탄압하던 독재 정치가 이루어졌다는 것을 알고 있나요? 부당하게 차지한 권력을 휘두르기 위해 국민에게 '예'만 강요하며 민주주의를 훼손하던 시절이 있었습니다. 오늘날 우리가 숨 쉬듯 자연스럽게 누리는 민주주의는 과연 누가, 어떤 과정을 거쳐 만든 것일까요?

시민들이 총을 든 이유

탕. 탕. 탕. 탕탕탕탕!!

1980년 5월 21일 오후 1시경, 광주시 전남도청 앞 금남로.

도청 스피커에서 흘러나오던 〈애국가〉가 멈추자 갑자기 총격이 가해지며 사람들이 하나둘 쓰러졌습니다. 전쟁이 났을 때 적진에 들어가 특수 임무를 수행하는 공수 부대원들이 시위에 참여한 시민들에게 총을 쏜 것이었습니다. 시민들이 총격을 피해 건물 뒤로 숨어도 도로 옆 높은 건물 위에서 조준 사격이 계속되었습니다. 하늘을 나는 군용 헬기에서도 무서운 총소리가 들렸습니다. 도로는 쓰러진 사람들의 피로 물들고 부상자들의 신음 소리가 가득했습니다. 시민들 사이에서 공포와 분노가 끓어올랐습니다.

"며칠 전부터 학생들을 그렇게 두들겨 패더니 이제 총까지 쏜다. 더는 못 참아!"

"무장하지 않은 시민들에게 무차별적으로 총을 쏘다니, 이대로 있다간 다 죽는다. 우리도 무장하자!"

시위대는 무기를 찾아 광주시와 가까운 나주, 화순 등의 경찰서를 습격했습니다. 공수 부대의 무자비한 폭력에서 가족과 이웃, 형제자매들을 지키려면 힘으로 대항할 수밖에 없었기 때문입니다. 이렇게 무장한 시위대를 '시민군'이라고 부릅니다. 시민들이 총으로 무장하고 군인들에게 저항한 것은 대한민국 역사상 처음 있는 일이었습니다. 나라와 국민을 지켜야 할 군인들이 도대체 왜, 누구의 명령을 받아 시민들에게 총부리를 겨누었을까요? 시민들은 어째서 목숨을 걸고 총을 잡아야만 했을까요?

군인들이 시위를 진압하려고 광주에 들어온 것은 5월 18일이었습니다. 전날인 5월 17일 밤, **비상계엄령**이 전국으로 확대되면서 각 지역에 군대가 배치되었습니다. 무슨 비상사태가 일어났기에 경찰 대신 군인이 사회 질서 유지에

비상계엄령

비상계엄령은 국가가 전쟁, 폭동, 국가적 재난 같은 비상사태에 처했을 때 군대를 이용해 사회 질서를 유지하고 일시적으로 국민의 기본적인 권리를 제한하는 것을 말합니다. 우리나라는 국군 통수권자인 대통령이 국회의 동의를 얻어 계엄령을 발동할 수 있고 치안이 회복되면 곧 해제하도록 되어 있습니다.
원래 나라가 위급할 때 선포해야 하지만 독재자가 반대 세력을 탄압하거나 부당하게 권력을 장악한 세력이 권력을 유지하기 위해 악용하는 경우가 많았습니다.

동원되었을까요?

　광주에서 총성이 울리기 한 해 전인 1979년 10월 26일, 박정희 대통령이 최측근이던 중앙정보부장 김재규의 총에 맞아 사망하는 사건이 벌어졌습니다(10·26 사태). 국가 원수가 갑작스럽게 죽자 비상계엄령이 선포되고, 당시 국군보안사령관이던 전두환이 대통령 저격 사건의 진상을 밝히기 위해 설치된 합동수사본부의 책임자가 되었습니다. 그런데 전두환은 이처럼 중대한 국가 비상사태를 틈타 군대를 동원해 반란을 일으켜 권력을 장악했습니다(12·12 군사 반란). 이전에 박정희도 군대를 이용해 권력을 장악했기 때문에 이 둘을 구분하기 위해서 전두환 등이 중심이 된 세력을 '신군부'라고 부릅니다.

　1980년 봄, 개학을 맞은 대학생들은 강의실에서 공부하는 대신 길거리에서 구호를 외치며 격렬하게 시위를 전개했습니다.

　"전두환은 물러나라!"

　"비상계엄령을 해제하라!"

　"언론의 자유를 보장하라!"

　이러한 학생들의 노력으로 민주주의가 회복되리라 믿었던 사람들은 이 시기를 '서울의 봄'이라고 불렀습니다. 하지만 신군부는 학생들의 시위를 막기 위해 5월 17일 밤, 기습적으로 전국에 비상계엄령을 확대했습니다. 동시에 자신들의 뜻대로 권력을 휘두르기 위해 국회를 해산하고 집회와 시위를 금지했습니다. 대학교에는 휴교령을 내려 학생들이 모이지 못하게 하고 신문, 방송 등 언론의 검열을 강화해 신군부에 불리한 소식이 퍼지는 것을 막았습니다. 한마디로 신군부에 대항하지 말고 가만히 있으라고 국민들을 위협한 것입니다.

평화 시위에서 무력 시위로

모두가 숨죽이며 사태를 살피던 5월 18일 아침, 비상계엄령의 전국 확대에 맞서 시위가 일어난 곳은 오직 광주뿐이었습니다. 아침 10시경 시위를 시작한 전남대학교 학생 300여 명은 시내 중심가인 금남로로 진출했습니다. 그러자 공수 부대가 진압봉을 휘두르며 학생들을 폭력으로 진압했습니다. 군인들은 학생들을 잡기 위해 일반 가정집에 군홧발로 쳐들어갔을 뿐만 아니라, 더 이상 저항하지 못할 만큼 두들겨 패고 수백 명을 짐짝처럼 군용 트럭에 실어 연행했습니다. 총에 큰 칼을 장착하고 위협하기도 했습니다. 학생들의 평화적인 시위를 이처럼 잔인하고 강하게 진압한 것은 처음부터 시위대의 기를 꺾어 놓으려는 의도였습니다.

하지만 광주 시민들은 이 상황을 보며 가만히 있지 않았습니다. 다음 날인 5월 19일, 군대가 시내에 장갑차를 몰고 다니자 분노한 시민들이 학생들을 도우려고 시위대에 합류했습니다. 그리고 최루탄을 쏘는 공수 부대에 야유를 퍼붓고 돌을 던지며 항의했습니다. 이날 처음으로 군인들이 총을 쏘아 고등학생 한 명이 크게 다쳤습니다. 사태가 심각해지자 5월 20일에는 더 많은 시민이 금남로에 모여들었습니다. 오후 7시경에는 택시 200여 대가 한꺼번에 헤드라이트를 켠 채 차량 시위를 하며 10만 명 넘게 모인 시위 인파와 합류했습니다.

그러는 사이 분노한 시민들은 위급한 광주의 상황을 방송으로 전혀 알리지 않는 광주 MBC 방송국과 KBS 방송국을 불태웠습니다. 이때까지만 해도 광주 시민들은 시위에 참여하는 사람이 많아지면 군인들이 더는 시위를 폭력으로 진압하지 못하고 시민들도 보호될 것이라고 생각했습니다.

그러나 예상과 달리 5월 21일 오후, 도청 앞에서 군인들은 비무장한 시민들에게 총을 쏘아 댔습니다. 광주 시민들

1980년 5월, 광주 금남로에서는 수많은 시민과 학생들이 모여 군사 정권 퇴진을 요구하
며 격렬하게 저항했습니다.

은 군대가 이렇게 거침 없이 대량으로 총을 쏘리라고는 차
마 상상하지 못했습니다. 시민들의 공포와 놀라움은 이루
말할 수 없었습니다. 나라를 지키는 군대가 시민을 상대로
군사 작전을 펴며 적군을 진압하듯 총을 쏘다니요.

이날 발포 현장에서 54명 이상이 숨지고 500명 이상이 총
상을 입은 것으로 알려져 있습니다. 당시 광주 시내 병원은
총상 환자와 사망자로 넘쳤고 시민들은 병원으로 몰려와 너
도나도 헌혈에 참여했습니다. 우리 현대사에서 가장 가슴

아픈 장면 가운데 하나입니다.

공수 부대는 도청 앞에서 충격적인 대량 발포를 한 뒤, 일단 광주 시내에서 물러나 27일 항쟁이 끝날 때까지 광주시 외곽을 둘러싸고 광주를 외부와 단절시켰습니다. 신군부는 광주의 시위가 서울 등 대도시로 확산되는 것을 두려워했습니다. 자칫하면 전 국민을 상대로 싸워야 할 테니까요.

봉쇄 기간 동안 광주는 시민군의 주도 아래 놀랍도록 질서 정연한 모습을 유지했습니다. 1,000명이 넘는 시민군은 시민들이 길가에 솥을 내다 걸고 지어 준 주먹밥으로 끼니를 해결했고, 경찰이 없는 상태에서도 은행, 금은방 등에서 단 한 건의 사건 사고도 일어나지 않았습니다. 시장과 상점은 정상적으로 운영되었고 시민군은 매일 도청 앞 광장에서 토론회를 열어 시민들과 중요 문제를 논의해 결정했습니다. 엄청난 충격과 공포 속에서도 광주 시민들은 침착하게 질서를 유지하고 민주주의를 실천했던 것입니다.

이윽고 5월 26일 새벽 4시, 광주 외곽에서 계엄군이 탱크를 앞세우고 시내로 진입했습니다. 그리고 시민군에게 26일 자정까지 모든 무기를 버리고 도청을 비우라고 통보했습니다. 광주 시민들은 '시민들이 입은 피해를 보상할 것, 계엄령을 즉시 해제할 것, 전두환을 처단하고 민주주의 정부를 수립할 것' 등을 요구했습니다. 광주 시민들이 공수 부대의 잔인한 폭력에 저항했을 뿐만 아니라, 신군부에게서 민주주의를 지키기 위해 시위에 참여했음을 분명하게 보여 주는 요구들이었지요. 계엄군 쪽에서 아무런 대답이 없자 시민들은 최후까지 결사 항전을 다짐하고 고등학생을 포함한 150여 명의 지원자가 끝까지 남아 도청을 지키기로 했습니다.

5월 27일 새벽, 계엄군은 도청 쪽으로 맹렬하게 총을 쏘아 대며 진입했습니다. 부당한 권력에 맞서 무력까지 사용하며 광주 시민들이 보여 준 열흘 동안의 항거는 결국 무자비한 폭력 진압으로 수많은 사람을 희생시키며 막을 내렸습니다. 정부는 이후 이 사건을 '광주 사태' '광주 폭동'이라고 부르고 "북한군의 사주를 받아 일어난 폭동을 군대가 성공적으로 진압했다"고 발표했습니다. 그렇다면 광주 시민들의 저항은 실패한 사건에 불과할 뿐일까요?

유신 헌법, 독재 정치의 시작

광주 시민들이 신군부에 이토록 치열하게 저항했던 까닭은 무엇일까요? 박정희는 18년이라는 오랜 기간 집권하면

1961년 5월 16일, 박정희는 무력을 사용해 제2공화국을 무너뜨렸습니다.

서 국민의 자유를 제한하고 민주주의를 훼손했습니다. 당시 이 과정을 지켜보았던 우리 국민은, 그의 갑작스러운 사망에 다시는 독재자의 등장을 바라지 않게 되었고 민주주의의 회복을 기대했습니다. 따라서 전두환이 군대를 동원해 불법적으로 권력을 장악하자 민주주의 질서를 회복하기 위해 맹렬히 저항했던 것입니다.

박정희는 사실 비정상적인 방법으로 권력을 차지했습니다. 1961년 5월 16일, 일부 군인들과 함께 반란을 일으켜 정권을 장악했던 것입니다(5·16 군사 정변). 그는 북한 공산주의의 침략에서 나라를 지키고 경제를 성장시키기 위해 어쩔 수 없이 '혁명'을 일으켰다며 불법적인 군사 정변을 합리화했습니다. 또한 1972년에는 대대적으로 헌법을 개정한 '유신 헌법'을 발표했습니다. 유신 헌법은 입법·행정·사법 등 모든 권력을 대통령에게 집중하고, 한 사람이 대통령을 할 수 있는 횟수의 제한을 없애 본인이 영구적으로 집권하는 길을 열어 놓았습니다.

특히 대통령을 뽑는 선거 방식도 문제가 많았습니다. 국민이 직접 선거로 대통령을 뽑지 않고 '통일주체국민회의(유신 헌법에 의해 조직된 헌법 기관)'라는 선거인단이 간접 선거로 대통령을 뽑았기 때문입니다(**대통령 간선제**). 박정희는 처음부터 자신에게 유리하게 선거인단을 조직했습니다. 이제 선

TIP

대통령 직선제와 간선제

대통령을 선출할 때 국민이 직접 선거에 참여하는 방식을 '대통령 직선제'라고 합니다. 반면에 선거인단을 따로 뽑아 그 선거인단이 대통령을 선출하는 방식을 '대통령 간선제'라고 합니다.
대부분의 민주주의 국가에서는 국민의 정치적 의사가 잘 반영되도록 대통령 직선제가 이루어지고 있습니다. 대통령 간선제는 선거인단을 어떻게 조직하느냐에 따라 국민의 의사가 왜곡될 우려가 있기 때문입니다.

거는 박정희의 권력을 연장하는 절차로만 남았을 뿐 국민의 정치적 의견을 반영하는 기능은 사라졌습니다.

또한 국민이 아니라 통일주체국민회의에서 국회의원 3분의 1을 선출해 국회를 장악했습니다. 국회의원이 더 이상 국민을 대표하지 않고 대통령의 뜻에 맞게 선출되는 상황이 된 것입니다. 나아가 대통령은 국가에 천재지변이나 외교와 안보에서 문제가 발생했을 때 여러 가지 법의 효력을 정지할 수 있는 '긴급 조치'라는 막강한 권한을 가졌습니다. 긴급 조치는 유신 헌법을 비판하는 시민들을 탄압하고 감옥에 가두는 데 악용되었습니다.

즉, 유신 체제는 대통령 한 사람에게 지나치게 권력을 집중시켜 민주주의를 훼손하고, 이에 반대하는 국민을 억압하면서 박정희의 장기 독재를 유지하는 수단이었습니다.

한 사람이 죽을 때까지 집권하고, 대통령 입맛에 따라 법이 만들어지고, 하고 싶은 말을 하면 잡혀가는 나라가 상상되나요? 이렇게 민주주의 국가에서 국민의 기본권인 자유와 인권이 침해당하고 참정권이 제한되는 일이 생겼을 때 국민은 어떻게 대응했을까요?

언론, 종교, 정치 등 각계각층의 유명 인사들은 정권의 탄압에 맞서 반대 투쟁을 계속했습니다. 더 이상 경제 성장과

안보를 내세우며 대통령에게 권력을 집중하는 정치 형태를
받아들이지 않겠다는 움직임이 거세졌습니다.

　기자들은 신문에 대통령과 유신 체제를 비판하는 기사를
싣고, 노동자들은 더 이상의 희생을 거부하고 현실을 바꿀
것을 요구했습니다. 그러나 정부는 이 모든 시민의 저항을
나라를 위태롭게 만드는 행동으로 몰아 체포하고, 감옥에
가두고, 고문하며 억압했습니다.

　그런 가운데 박정희가 갑작스럽게 사망하자 사람들은 드
디어 억압에서 벗어나 국민이 나라의 주인인 민주주의 질서
가 회복될 것이라 기대했습니다.

통제된 세상과 삼청교육대 사건

　박정희 정권이 무너진 뒤 민주주의에 대한 시민들의 열망
은 전두환 등이 중심이 된 신군부가 '광주 사태'를 폭력적으
로 진압하면서 좌절되었습니다. 사람들은 광주에서 무슨 일
이 일어났는지 정확히 알지 못했지만 무언가 심상치 않았음
을 짐작했습니다. 그 후 신군부에 저항했던 광주 시민들은
반란 세력이자 폭도로 취급받으며, 오랫동안 자신들의 억울

함을 어디에도 호소할 수 없었습니다. 같은 해인 1980년 9월, 전두환이 제11대 대통령에 취임했기 때문입니다.

장충체육관에서 열린 대통령 선거에서 전두환은 통일주체국민회의의 99.9퍼센트 지지를 받아 대통령에 당선되었습니다. 또다시 하나 마나 한 선거가 치러진 셈이었지요.

대통령이 된 전두환은 시민의 저항을 막기 위해 사회 전반을 힘으로 통제했습니다. 우선 자신에게 반대하는 사람들의 목소리를 잠재우기 위해 신문, 방송 같은 언론을 억압했습니다. 정부에 비판적인 언론인들을 직장에서 내쫓고 전국의 신문사와 방송사를 강제로 합치거나 없앴습니다. '보도지침'이라는 것을 만들어서 대통령이나 정부 정책에 비판적인 의견을 신문과 방송에 싣지 못하도록 일일이 간섭했습니다. 그러자 언론은 대통령의 눈치를 보며 기사를 쓰고 뉴스를 만들었습니다.

민주주의는 나라의 주인인 국민이 자신의 의사를 마음껏 표현하고, 중요한 정책에 대해 토론하고 결정하는 과정에서 살아 숨 쉽니다. 그러나 독재자는 국민의 뜻과 상관없이 제멋대로 나라를 통치하며 주인 행세를 합니다. 사람들이 비판적인 생각을 입 밖으로 꺼내지 못하게 언론을 통제합니다. 전두환이 권력을 독점하기 위해 제일 먼저 언론을 장악한 것도 바로 그런 까닭이었습니다.

그런데도 시민들이 저항할까 봐 두려웠던 전두환 정부는 사회 전반에 공포 분위기를 조성했습니다. 그 대표적인 사례가 '삼청교육대' 사건입니다. 불량배와 깡패는 사회 질서를 어지럽히는 '사회악'이라며 이들을 없애 사회를 깨끗하게 만든다는 구실로, 수만 명의 시민을 군대로 끌고 가 강제로 군사 훈련과 노동을 시켰던 것입니다. 1980년 8월부터 다음 해 1월까지 '삼청 작전'이라는 이름 아래 6만 명이 넘는 시민이 군인과 경찰에게 끌려가 군대에 강제로 수용되었습니다.

본래 시민들을 잡아 가두는 구속을 하려면 법원에서 발부한 '구속 영장'이라는 문서가 필요합니다. 사회 질서를 유지하기 위해 개인의 자유를 제한할 충분한 사유가 있다는 법원의 판단과 허락이 있어야만 국민의 기본권을 제한하는 일이 조심스럽게 적용되지요. 그런데 삼청교육대는 영장도 없이 무차별적으로 시민들을 끌고 가 강제로 가두었습니다. 아무리 불량배나 깡패라고 해도 강제 수용은 인권 침해인데 노숙자나 길거리에서 술 취한 사람들을 끌고 가거나, 평소 원한이 있던 이웃을 불량배라고 거짓 신고하면 끌고 가기도 했다고 합니다. 경찰들이 지역마다 할당받은 인원을 채우기

시민의 저항이 두려웠던 전두환 정부는 삼청교육대를 만들어 사회 전반에 공포 분위기를 조성했습니다.

위해 마구잡이로 사람들을 끌고 가다 보니 무고한 시민들이 피해를 입은 것입니다.

끌려간 사람들이 군부대에서 생활하는 동안 숙소 주변에 총을 든 헌병을 배치해 도망가지 못하도록 감시했습니다. 하루아침에 불량배로 몰려 끌려간 사람들은 '순화 교육'을 받았습니다. 순화 교육은 몸과 마음을 깨끗하게 만들기 위해 교육한다는 의미인데, 강제로 사람을 순화시킨다는 것도 말이 안 되지만 그 방법이 군인들의 구타와 체벌, 가혹한 노동이었다는 점도 심각한 문제였습니다. 얼마나 가혹했으면 삼청교육대에 끌려간 많은 사람이 죽고 후유증으로 정신 장애에 시달렸습니다.

이처럼 국민의 기본권이 무참하게 짓밟히는 상황에도 국민은 숨죽이고 있어야만 했습니다. 반대 의견을 내면 언제든 쥐도 새도 모르게 끌려가고 공포 분위기를 만들어 위협하니, 먼저 나서서 바른말을 하기가 어려웠습니다.

삼청교육대 사건은 부당한 방법으로 권력을 차지한 독재 정권이 죄 없는 국민에게 어디까지 폭력을 휘두르는지, 국민의 인권이 얼마나 쉽게 파괴될 수 있는지 보여 주는 사례라고 할 수 있습니다.

TIP

국민의 기본권

민주주의 국가에서는 '주권이 국민에게 있다'는 기본 원리를 바탕으로 정치가 운영됩니다. 주권자인 국민이 인간답게 살기 위해 마땅히 누려야 할 인간적 존엄과 가치에 대한 기본 권리인 인권·자유권·평등권·참정권 등은 헌법으로 보장됩니다. 만약 불법 행위나 범죄로 인권이 침해당한 경우에는 법원을 통해 배상받을 수 있습니다. 국가 권력이 부당하게 국민의 기본권을 침해한 경우에도 당연히 법적으로 구제받을 수 있습니다.

폭도라는 누명을 벗고 민주화의 상징으로

'광주 사태'는 1980년대 내내 민주주의를 열망하는 시민과 학생들의 양심을 건드리는 상처였습니다. 수많은 시민이 신군부의 폭력에 희생당했지만 이 사실을 드러내 말할 수 없었고, 군사 정권은 여전히 민주주의를 억압했기 때문입니다. 광주 시민의 희생을 헛되게 만들지 않으려는 노력은 전두환 정권의 독재 정치에 맞선 끈질긴 민주화 운동으로 이어졌습니다. 그리고 1987년 6월, 정부가 국민의 대통령 직선제 개헌 요구를 수용하게 만드는 원동력으로 작용했습니다.

그러나 1987년 12월, 드디어 직선제로 치러진 제13대 대통령 선거는 곧바로 군사 정권을 끝내지 못했습니다. 당시 선거에서 전두환과 함께 군사 반란을 일으킨 신군부 세력인 노태우가 대통령으로 당선되었기 때문입니다. 그렇게도 직선제를 통해 원하는 대통령을 뽑고 싶었던 국민이 왜 노태우를 당선시켰던 것일까요? 당시 정권을 잡고 있지 않은 야당에서는 세 명(김대중·김영삼·김종필)의 후보가 대통령 선거에 나와서 야당을 지지하는 시민들의 표를 나누어 가졌습니다. 야당의 분열로 노태우가 불과 36.6퍼센트의 득표율로 운 좋게 대통령에 당선된 것이었지요. 이 일은 두고두고 우리나라 민주주의 역사에서 되돌리고 싶은 장면 가운데 하나로 꼽힙니다.

그러나 민주주의에 대한 국민의 열망은 그다음 해에 있었던 국회의원 선거에서 정권을 잡고 있는 여당 대신 야당 국회의원을 더 많이 뽑는 결과로 나타났습니다. 이것은 전두환에서 노태우로 이어진 군사 정권에 대해 국민의 거부감이 상당히 컸다는 것을 보여 줍니다. 이렇게 여당 국회의원보다 야당 국회의원 숫자가 많은 상황을 '여소야대 국회'라고 부릅니다. 여소야대 상황에서는 야당 국회의원이 더 많기 때문에 대통령과 정부에 대해 비판적인 법을 만들 수 있습니다. 이에 국민은 새로운 국회에 가장 먼저 '광주 사태'의 진실을 밝힐 것을 요구했습니다.

전 국민이 TV로 지켜보는 가운데 국회에서 '광주 사태' 진상 규명을 위한 청문회가 열렸습니다. 광주 시민과 시위 진압에 참여한 군인이 잇따라 출석해 증언하면서 광주 시민이 말도 안 되는 군사 작전에 억울하게 희생당했고, 그 와중에도 민주주의를 지키기 위해 적극적으로 저항했다는 사실이 비로소 세상에 알려졌습니다. 이때 많은 사람들은 군인들이 광주 시민의 항쟁을 진압하는 과정에서 저지른 잔혹한 폭력에 경악했습니다. 10년 가까운 세월이 흐른 후에야 광주 시민에 대한 명예 회복과 진상을 밝히는 첫걸음을 내딘 것이었지요. 이후 광주 시민들은 '폭도'였다는 억울한 누명을 벗고 민주화 운동의 '참여자'로, 사건의 명칭도 '광주 사태'에서 '5·18 민주화 운동'으로 바뀌게 되었습니다.

당시 청문회에 증인으로 나온 군인은 "시민의 폭력 시위에 대응하려고 어쩔 수 없이 무력으로 시위를 진압했고, 시민 쪽에서 먼저 총을 사용했다"는 거짓 증언으로 시민을 분노하게 했습니다. 이것은 훗날 당시 군대가 남긴 기록과 항쟁에 참여했던 수많은 시민의 증언으로 명백한 거짓말로 밝혀졌습니다. 항쟁 첫날인 5월 18일부터 공수 부대가 학생들에게 무자비한 폭력을 휘둘렀고, 21일에는 시민에게 대량으로 발포하자 시민이 무장을 시작했기 때문이지요. 오히려 공수 부대의 과잉 진압이 시민과 학생들의 분노와 적극적인 저항을 일으켰다고 보는 것이 맞겠습니다.

한편 신군부가 당시 기록을 정확하게 남기지 않아 밝혀지지 않은 진실이 많습니다. 대표적으로 5월 21일 도청 앞에서 시민에게 발포를 명령한 사람이 누구인지 아직도 밝혀지지 않아 희생자들의 억울한 죽음을 더욱 안타깝게 합니다.

5·18 민주화 운동에 대한 진상 규명은 희생자와 참여자들에 대한 명예 회복으로 이어졌습니다. 현재는 이분들을 우

리나라 민주주의 발전에 공헌한 '민주화 유공자'로 인정하고 금전적으로 보상을 했으며, 희생자들이 묻힌 묘역을 '국립5·18민주묘지'로 명칭을 바꾸고 새롭게 정비했습니다. 또한 5월 18일을 국가 기념일로 제정해 매년 공식 기념행사를 열어 민주주의를 위해 투쟁했던 광주 시민의 희생과 저항 정신을 기리고 계승하고자 노력하고 있습니다.

5·18 민주화 운동은 지금도 진행 중

한편 시민 사회는 자신의 권력 유지를 위해 광주 시민을 학살한 전두환, 노태우를 법정에 세울 것을 주장했습니다. 법원에서는 "성공한 쿠데타는 처벌할 수 없다"라는 논리에 따라 계속 재판을 거부했지만, 1996년 끈질긴 노력 끝에 드디어 두 명의 전직 대통령을 법정에 세웠습니다. 이 재판은 세기의 재판으로 전 세계인의 관심을 끌며 우리 국민이 보여 준 수준 높은 민주주의에 대한 성취로 널리 알려졌습니다. 재판 결과는 어떠했을까요? 당연히 유죄가 인정되어 헌법을 어지럽힌 내란죄와 뇌물죄를 적용받은 전두환은 무기징역과 추징금 2,205억 원, 노태우는 17년형과 추징금 2,628억

원을 선고받았습니다.

가장 중요한 사실은 1980년 당시 국가에 반역해 반란을 일으킨 것은 광주 시민이 아니라 전두환, 노태우 등 신군부 세력이었음이 법정에서 명명백백하게 밝혀졌다는 점입니다. 또한 성공한 쿠데타라 하더라도 얼마든지 법적인 처벌을 받을 수 있음을 선례로 만든 역사적 사건이라는 의미를 지니기도 합니다.

2011년, 유네스코는 5·18 민주화 운동 관련 자료들을 세계기록유산으로 지정했습니다. 그 이유는 첫째, 5·18 민주화 운동은 우리나라와 세계의 민주주의 역사에서 매우 중요한 사

독재를 막을 수 있을까?

건이었습니다. 부당한 권력의 탄압에 굴하지 않고 시민들이 적극적으로 저항하며 민주주의를 지키고자 했습니다. 또한 당시 어려운 상황 속에서 보여 준 광주 시민의 도덕성과 시민 의식도 높게 평가받았습니다.

둘째, 사건에 대한 진상이 오랫동안 왜곡되어 그 실체가 잊힐 뻔한 것을 시민 사회가 진실을 알리기 위해 끈질기게 노력했습니다. 그 결실로 희생자와 참가자에 대한 명예가 회복되었고 지금까지도 더 많은 진상을 밝히려는 노력이 지속되고 있습니다.

마지막으로, 5·18 민주화 운동이 일어난 당시부터 현재 국가적 차원에서 민주화 운동으로 기념하기까지 이 모든 과정이 민주주의 운동의 역사라고 할 수 있습니다. 이러한 과정은 민주화 운동을 기억하고 기념하려는 전 세계인에게 모범 사례로 자주 언급됩니다.

이 같은 이유로 5·18 민주화 운동은 사건 그 자체뿐만 아니라, 이 사건을 기리고 그 정신을 계승하려는 시민 사회의 오랜 노력까지 포함해 그동안 만들어진 방대한 기록이 세계 기록유산으로 등재되었습니다.

5·18 민주화 운동은 새로운 독재자의 등장을 막으려 했던 우리나라의 대표적인 민주화 운동입니다. 그러나 해마다

5월이 되면 한쪽에서는 당시 광주에 북한군 특수 부대가 비밀리에 파견되었다는 가짜 뉴스가 유포됩니다. 또한 전두환은 직접 쓴 《전두환 회고록》에서 계엄군은 헬기 사격을 한 적이 없고 헬기 사격을 증언한 희생자들이 거짓말을 했다며 돌아가신 분들의 명예를 훼손했습니다.

이 모든 소동은 5·18 민주화 운동이 과거의 일이 아니라 현재에도 진행 중인 사건임을 뜻합니다. 즉, 이 사건의 실체에 대한 꾸준한 관심과 교육을 멈추는 순간, 그 틈을 타고 국가가 인정한 민주화 운동에 대한 가짜 뉴스가 언제든지, 얼마든지 활개 칠 수 있다는 것이지요. 만약 5·18 민주화 운동의 진실이 가려지고 군대를 동원한 폭력적인 시위 진압이 정당화된다면 언제라도 이런 끔찍한 일은 반복될 수 있습니다. 이것이 바로 우리가 5·18 민주화 운동의 의미를 되새기고 기억해야 하는 가장 중요한 이유입니다.

선거권

결정적 질문 ❷

국민의 대표는

누가 선택해야 할까?

우리나라 대통령과 국회의원은 누가 뽑나요? 당연히 국민이 직접 선거로 뽑습니다. 선거철이 되면 어른들이 누구에게 표를 줄지 고민하는 모습을 많이 보았을 것입니다.

그런데 대통령을 국민의 손으로 직접 선출하지 못하던 때가 있었습니다. 소수의 선거인단이 대통령을 뽑고 국민은 그 과정을 지켜보아야만 했던 시절이 꽤 오랫동안 지속되었답니다. 그렇다면 어떻게 국민이 대통령과 국회의원을 선출하는 권리를 가지게 되었을까요?

꽃다운 청년들의 죽음

1987년 6월 10일, 서울시청 앞 도로.

"호헌 철폐, 독재 타도!"

누군가 선창하자 수만 명의 시민이 한목소리로 구호를 따라 외쳤습니다.

"호헌 철폐, 독재 타도!"

박수 소리에 장단을 맞춘 이 단순한 구호가 도로를 가득 채웠습니다. 목이 터져라 구호를 외치는 사람들 마음속에는 우리 손으로 대통령을 뽑아야겠다는 의지가 끓어올랐습니다. 그동안의 시위가 대학생들 주도로 이루어졌다면 이날의 시위는 시민과 학생이 함께했다는 점이 눈에 띄게 달라진 부분이었습니다.

1987년은 대통령 선거가 있는 해였습니다. 그해 초부터 뜻있는 학생과 시민을 중심으로 대통령 선거 방식을 간선제에서 직선제로 바꾸자는 요구가 나타났습니다. 전두환을 대통령으로 만든 간선제가 다시 실시된다면 그의 입맛에 맞는 사람이 권력을 물려받을 것이 뻔했기 때문입니다. 이에 국민의 손으로 제대로 된 대통령을 뽑으려면 직선제 개헌이 필요했던 것이죠. 그러자 전두환은 자신의 임기 내에는 결코 헌법을 바꾸는 개헌은 없을 것이라며 모든 개헌 논의를 금지하고 국민을 협박했습니다(4·13 호헌 조치). 개헌 논의는 이듬해에 개최될 88서울올림픽을 앞두고 국론을 분열시키고 국력을 낭비하는 소모적인 일이라는 이유였습니다.

5월 말에 결성된 '민주헌법쟁취 국민운동본부'(약칭 '국본')는 호헌 조치 철폐와 직선제 개헌을 목표로 6월 10일을 디데이로 잡고 전국 규모의 '국민 대회'를 계획했습니다. 이날 시민의 시위 참여가 폭발적이자 국본은 더 많은 시민이 참여하도록 매일 오후에 집회를 열었습니다. 때마침 6월은 낮이

4·13 호헌 조치

1987년 4월 13일, 당시 대통령이던 전두환은 헌법에서 정한 대통령 선거 방식인 간선제에 따라 권력을 이양하겠다고 발표했습니다. 현행 헌법을 수호하겠다는 의미를 살려 이를 '호헌(護憲)' 조치라 부릅니다. 본래 헌법을 수호한다는 의미는 긍정적으로 쓰이지만 이 경우에는 국민의 개헌 요구를 묵살하는 데 이용되었습니다. 공정한 선거를 약속한 전두환의 발표를 믿을 수 없던 국민은 이 조치에 크게 반발했습니다. 바로 이튿날 천주교 김수환 추기경과 사회 각계 인사들은 호헌 조치를 비판하는 시국 성명을 발표했습니다.

길어지는 시기라 회사원들은 퇴근길에 시위대에 합류해 "호헌 철폐, 독재 타도!"를 외치며 거리를 행진했습니다. 근무 중인 회사원들은 빌딩 안 사무실에서 창문을 열고 거리의 시민과 함께 구호를 외치고, 중고등학생들도 학교가 끝나면 시위대에 동참했습니다.

6월 10일 서울을 비롯해 대전·대구·부산·광주·강릉에서 시작된 시위는 6월 말까지 전국 37개 도시에서 100만 명 이상의 시민들이 참여했습니다. 그야말로 직선제 개헌 요구가 폭발했던 것입니다. 마침내 6월 29일, 여당의 대통령 후보 노태우는 국민의 직선제 개헌 요구를 수용한다고 발표했습니다(6·29 선언). 역사에서는 국민이 치열하게 싸워 직선제 개헌안을 이끌어 낸 이 승리를 '6월 항쟁'이라 부릅니다.

전두환의 강압적인 통치 아래에서 학생과 일부 민주화 인사를 중심으로 비밀스럽게 이루어지던 민주화 운동이 6월 항쟁 때는 어떻게 이토록 대규모 시민의 참여로 승리할 수 있었을까요?

때는 1987년 1월로 거슬러 올라갑니다. 전두환 정권은 대통령 직선제 개헌을 추진하려는 학생과 민주화 인사들의 움직임을 간파하고 이들에 대한 감시를 대대적으로 강화했습니다. 그런 상황에서 서울대학교 3학년생이던 박종철은 수

배 중인 선배 박종운의 행적을 쫓는 경찰들에게 끌려갔습니다. 박종운의 거처를 묻던 경찰은 박종철이 순순히 대답하지 않자 잔혹한 폭행과 물고문, 전기고문을 가했고 결국 박종철은 1월 14일에 숨지고 말았습니다.

경찰은 처음에 이 사실을 숨기려 했습니다. 박종철을 심문하던 중 "책상을 탁 치니, 억 하고 쓰러졌다"는 엉터리 보도로 국민의 눈을 가리려 했습니다. 그러나 박종철의 시신을 부검한 의사의 양심선언과 이를 보도한 신문 기사로 진실이 알려졌습니다.

그러자 정부는 이 사건이 일부 경찰의 과도한 애국심으로 빚어진 일탈 행위라며, 말단 경찰 몇 명에게 책임을 묻는 선에서 사건을 축소했습니다. 즉, 고위 경찰이 주도해 조직적으로 민주화 운동을 감시하고 탄압한 상황을 은폐했던 것입니다. 더불어 민주화 인사들을 불법적으로 구속하고 야만적인 고문을 일삼던 그 모든 인권 탄압을 숨기려 했습니다. 당시 경찰은 국민의 수호자가 아니라 정권의 하수인으로 민주화 운동을 억압하는 데 앞장섰습니다.

국민은 전두환 정권의 부도덕함과 뻔뻔함에 분노했습니다. 야만적인 권력이 더 이상 젊은이들의 생명과 국민의 자유를 억압하지 못하도록 막아야겠다고 판단했습니다. 정권을 교체하고 제대로 된 민주화 인사를 대통령으로 선출하는 것만이 해결책이었습니다. 한번 끓어오른 분노와 민주화에 대한 열망은 6월 10일 국민 대회 이래로 지칠 줄 몰랐고, 시민과 학생들은 매일 거리로 나섰습니다. 시위대를 해산하기 위해 경찰이 최루탄을 쏘는 일은 다반사였습니다.

이 와중에 6월 9일, 연세대학교 학생 이한열이 교문 앞에서 시위 도중 경찰이 쏜 최루탄에 맞아 사경을 헤매게 되었습니다. 이 사건은 박종철의 죽음으로 부당한 권력을 몰아내야겠다는 시민들의 다짐에 기름을 부었고, 결국 집권당 대표 노태우는 6·29 선언으로 대통령 직선제 개헌을 약속했습니다. 그리고 며칠 뒤인 7월 5일, 병상에 누워 있던 이한열은 끝내 눈을 감았습니다. 자식을 잃은 어머니는 울부짖었습니다. 7월 9일, 시청 앞에서 열린 이한열의 장례식에는 수만 명의 사람이 함께했습니다.

권력자 입맛대로 선거하던 시절

대부분의 민주주의 국가에서는 국민이 직접 대통령을 뽑는 대통령 직선제를 채택하고 있습니다. 단, 국민 전체가 선

이한열은 시위 도중 최루탄을 맞고 쓰러졌습니다. 그의 죽음은 6월 항쟁과 6·29 선언의
도화선이 되었습니다.

거에 참여하기 어려운 상황에서는 대통령 간선제를 택하기
도 합니다. 우리나라 초대 대통령 선거가 바로 이 경우에 해
당하지요. 이승만은 우리나라 역사상 첫 선거였던 국회의원
선거(1948. 5. 10)에서 선출된 국회의원들의 투표로 초대 대
통령이 되었습니다. 국회의원이 대통령 선거인단 역할을 했
던 것입니다.

　　제2대 대통령 선거에서 이승만은 선거 방식을 직선제로
바꾸려고 했습니다. 제2대 대통령 선거가 치러진 1952년은

6·25 전쟁이 한창이었습니다. 당시 국회의원들은 이승만에 대한 불신이 팽배했습니다. 6·25 전쟁이 일어나자 수도를 부산으로 옮길 정도로 패배를 거듭하며 제대로 된 리더십을 보여 주지 못했기 때문입니다. 따라서 국회의원의 투표로는 재선이 불투명한 이승만은 대통령 선거 방식을 자신에게 유리하게 직선제로 바꾸려고 했던 것입니다.

예나 지금이나 헌법을 개정하는 일은 국회의원의 주요한 역할 가운데 하나입니다. 이승만의 속셈이 뻔히 보이는데 국회의원들이 직선제 개헌안을 찬성할 리가 없었습니다. 개헌안은 부결되었습니다.

그러나 이승만은 포기하지 않았습니다. 우리나라 헌법은 '일사부재의一事不再議' 원칙에 따라 한 번 내놓은 법안이 부결되었을 때는 국회에서 같은 회기 중에 다시 제출하지 못하게 되어 있습니다. 그런데도 이승만은 처음 개헌안의 일부를 수정해 국회에 다시 제출했습니다. 일부 내용을 발췌했다 해서 이것을 '발췌 개헌안'이라고 부릅니다. 이승만은 개헌안을 통과시키려고 무장한 깡패들을 동원해 국회의원들을 위협했습니다. 국회의원들의 통근 버스를 강제로 연행하며 폭력적인 분위기를 조성했습니다. 아무리 전쟁 통이라 해도 민주주의와는 아주 거리가 먼 조치였습니다. 우여곡절

끝에 개헌에 성공하며 이승만은 대통령 선거가 제대로 이루어지기 어려운 전쟁 중의 혼란을 틈타 스리슬쩍 제2대 대통령에 올랐습니다.

현재 우리나라는 대통령을 한 번만 할 수 있습니다. 당시에는 대통령을 두 번, 즉 재선까지 허용했습니다. 대통령의 임기 횟수를 제한한 것은 독재자의 출현을 막기 위한 조치입니다. 하지만 이승만은 장기 집권을 위해 다시 한번 개헌을 시도했습니다. 초대 대통령에 한해서는 중임 제한을 적용하지 않는다는 개헌안을 내놓았습니다. 중임 제한을 없앤다는 말은 사실상 계속 대통령에 당선될 길을 열어 놓은 것입니다. 명분은 그럴듯했습니다. 초대 대통령은 국가 수립 초기라 나라의 기반을 다질 책임이 있다는 것이었지요.

이 개헌안 역시 국회의원들의 반발에 부딪혔습니다. 개헌은 국회의원 재적수 3분의 2 이상이 찬성해야 가능합니다. 당시 국회의원 수가 203명이었으니 3분의 2 이상은 136명부터입니다. 투표 결과 135명이 찬성하면서 이 개헌안은 1표가 모자라 부결되었습니다. 그러나 이승만은 여기서 물러나지 않았습니다. 부결을 선포한 지 이틀 후 기상천외한 논리로 개헌안을 통과시켰습니다. 국회의원 재적수 203명의 3분의 2는 135.333…이므로 사사오입의 원칙, 즉 반올림을 적용하면 135명이 개헌 가결 인원수라는 논리였습니다. 그렇게 이승만은 제3대 대통령이 되었습니다. 이런 억지 주장으로 통과된 개헌안을 사람들은 '사사오입 개헌'이라고 비웃었습니다.

사사오입 개헌으로 대통령 임기 횟수의 제한이 없어진 이승만은 1960년 제4대 대통령 선거에 또 출마했습니다. 야당 대통령 후보였던 조병옥이 선거 운동 중에 갑자기 사망하자 이승만의 대통령 당선은 확정적이었습니다. 그러나 이승만은 자신의 대통령 당선과 함께 측근이던 이기붕을 부통령에 당선시키려고 엄청난 부정 선거를 저질렀습니다(3·15 부정

3·15 부정 선거

당시 집권당이던 자유당은 이승만과 이기붕의 당선을 위해 노골적으로 부정 선거를 저질렀습니다. 선거 운동 기간에 막걸리와 고무신을 뿌려 표를 매수했고, 10표 중에 4표가량의 비율로 이승만과 이기붕에게 기표한 투표용지를 미리 투표함에 넣어 두었습니다. 군대에서는 3인조 또는 5인조로 공개 투표를 했습니다. 심지어 야당 참관인을 내쫓고 개표를 진행했는데 그 결과 이승만과 이기붕의 득표율이 95~99퍼센트에 달했습니다. 이에 당황한 자유당은 이승만과 이기붕의 득표율을 낮추어 발표하는 웃지 못할 일이 벌어졌습니다.

국민에게 뇌물을 주고 투표하게 한 3·15 부정 선거는 흔히 '막걸리 선거' '고무신 선거'로 불립니다.

선거). 그 결과 12년이나 이어진 이승만의 장기 독재에 대한 불만과 민생을 돌보지 않는 경제 정책에 분노한 민심이 폭발했습니다.

선거 당일부터 무효를 외치는 항의 시위가 전국에서 일어났습니다. 이 과정에서 마산에서 시위에 참여했던 고등학생 김주열이 실종되었습니다. 결국 그가 최루탄에 맞아 숨진 채 마산 앞바다에서 발견되자 국민의 분노는 걷잡을 수 없이 터져 나왔습니다. 급기야 4월 19일에는 부정 선거에 항의하는 시위가 대통령 관저인 경무대 앞까지 이르렀습니다. 경찰이 시위대에 총을 쏘았고, 186명의 시민이 사망하는 유혈 사태가 벌어졌습니다. 이를 계기로 부정 선거에 대한 항의는 이승만의 하야를 요구하는 시위로 발전했고, 결국 이승만은 하야하게 됩니다(4·19 혁명).

빼앗긴 선거권, 얼어붙은 민주주의

이승만의 장기 독재가 붕괴되고 야당인 민주당이 권력을 잡자 시민 사회는 그동안 이루어지지 못한 정치·경제·사회에 대한 대대적인 개혁을 요구했습니다. 그러나 민주당 정권이 별다른 개혁을 취할 틈도 없이 이듬해인 1961년 박정희가 쿠데타를 일으켜 권력을 장악했습니다.

박정희 역시 이승만처럼 개헌 또 개헌으로 입맛대로 헌법을 바꾸며 18년 동안 장기 집권했습니다. 그가 정권을 연장하기 위해 실시한 대표적인 개헌이 바로 '3선 개헌'과 '유신 헌법'입니다.

박정희가 두 번째 대통령 임기를 마칠 무렵인 1969년에 이루어진 것이 '3선 개헌'입니다. 대통령을 세 번까지 할 수 있도록 헌법을 바꾼 것입니다. 북한의 위협에서 나라를 지키고 경제를 성장시키려면 강력한 리더십이 필요한데 자신이 적임자라는 논리였습니다. 이미 1967년 국회의원 선거에서 대대적인 부정 선거로 여당인 민주공화당이 3분의 2 이상의 의석수를 차지한 상태였습니다. 개헌이 가능하도록 사전 준비를 마쳤던 것이지요.

3선 개헌 이후 치러진 1971년 제7대 대통령 선거에서 야당 후보 김대중은 자신에게 표를 달라고 국민에게 호소했습니다. 박정희 후보가 당선되면 영구 집권을 할 것이라고 경고하면서 말이지요. 박정희는 이번이 마지막 출마이며 다시는 국민에게 표를 달라 하지 않겠다고 약속했습니다. 약 90만 표 차이로 어렵게 당선된 박정희는 어이없게도 1년 뒤 또다시 헌법을 바꾸었습니다. 대통령이 될 수 있는 횟수 제한을 없애고 모든 권력을 대통령에게 집중했습니다. 대통령 선거 방식을 간접 선거로 바꾸어 장기 집권 의지를 노골적으로 드러냈습니다(유신 헌법). 국민은 제 손으로 대통령을 선출할 권한을 빼앗긴 것입니다.

정치적 의사를 표현하는 가장 직접적인 수단인 선거권을

빼앗겼으니 정권에 비판적인 의사 표현 역시 허용되지 않았습니다. 그때 국민은 무늬만 나라의 주인이었습니다. 유신 체제 아래서 혹독한 겨울을 맞은 민주주의는 한동안 꽁꽁 얼어붙게 되었습니다.

공정 선거를 위한 선거의 4대 원칙

6월 항쟁 끝에 국민은 어렵사리 대통령 직선제를 되찾았습니다. 선거 때가 되면 당연하게 손에 쥐는 한 장의 투표용지에 이토록 복잡한 사연이 담겨 있습니다. 투표권을 되찾기 위해 시민과 학생들이 오랫동안 염원하고 투쟁한 결과입니다. 그래서인지 우리나라의 투표 참여율은 세계 다른 나라들에 비해 상당히 높은 편입니다.

우리나라의 역대 대통령 선거는 평균 투표율이 75퍼센트를 훌쩍 넘습니다. 선거 날이면 이른 새벽부터 투표장에 줄이 길게 늘어섭니다. 나이가 지긋한 어르신이 지팡이를 짚고 소중한 한 표를 행사하는 모습은 우리에게 익숙한 풍경입니다.

그렇다면 이렇게 소중한 한 표를 잘 행사하려면 어떤 환경이 만들어져야 할까요? 공정한 선거가 치뤄지도록 선거의 4대 원칙이 잘 지켜져야 합니다. 선거의 4대 원칙에는 보통 선거·평등 선거·직접 선거·비밀 선거가 있습니다.

어떤 의미인지 짐작이 가나요? 첫째, '보통 선거'의 원칙입니다. 예를 들어 볼까요. 우리 반을 대표하는 학급자치회장을 뽑을 때 반 친구라면 누구나 조건 없이 투표권을 가집니다. 구성원 모두가 투표권을 가지는 것, 그게 바로 보통 선거입니다. 현재 우리나라에서는 대한민국 국민이라면 누구나 투표권을 가집니다. 단, 만 18세 이상이어야 한다는 나이 제한 조건이 붙습니다.

둘째, '평등 선거'의 원칙입니다. 한 사람이 한 표씩 투표권을 가지는 것을 말합니다. 재산이나 학력과 상관없이 동등하게 한 사람이 한 표씩 행사합니다. 학급자치회장 선거 때 누구나 똑같이 한 표씩 가지는 것이 바로 이 원칙입니다.

셋째, '직접 선거'의 원칙입니다. 유권자는 직접 투표소에 나가 투표합니다. 만약 다른 사람이 나를 대신해 학급자치회장 선거에 참여한다면 표를 매수할 수도 있고 부정 선거가 일어날 가능성이 커집니다.

마지막으로, '비밀 선거'의 원칙입니다. 유권자는 어느 후보에게 투표했는지 다른 사람이 알지 못하도록 비밀을 보장받습니다. 만약 학급자치회장 선거에서 내가 누구에게 투표했는지 알려진다면 표를 주지 않은 친구와 관계가 불편해지지 않을까요? 유권자가 자유롭게 자신의 선거권을 행사할 수 있도록 보장하는 것이 비밀 선거의 원칙입니다.

과거에는 선거의 4대 원칙이 잘 지켜지지 않아 부정 선거가 일어나기도 했습니다. 그러나 우리 사회에서 민주주의가 발전하고 생활화되면서 공정 선거의 원칙들이 잘 지켜지고 있습니다. 국가는 공정 선거를 위해 선거관리위원회를 만들어 선거의 모든 과정을 철저하게 관리, 감독합니다. 평소에는 올바른 선거에 대해 교육하고 홍보하는 일도 마다하지 않습니다. 국민의 의식 수준도 높아져 부정 선거를 함께 감시합니다.

K-선거, 투표 좀 하는 나라

그렇다면 대통령과 국회의원만 투표로 뽑을까요? 시장과 도지사 같은 지방자치 단체장과 지방의회 의원도 투표로 선출합니다. 선출된 사람들은 주로 정당을 기반으로 정치 활동을 합니다. 이를 '정당 정치'라고 해요. 우리나라에 어떤 정당들이 있는지 한번 떠올려 보세요.

선거철이 다가오면 각 정당은 정치·경제·교육·복지·국방·문화·부동산 등 각 분야에 대한 정책들을 쏟아 냅니다. 정당들이 치열하게 정책 경쟁을 벌이는 동안 시민 사회도 우리 사회에서 시급히 해결할 일이 무엇인지 머리를 맞대고 여론을 만듭니다. 유권자들은 선거 공약을 따져 봅니다. 정치인들이 속한 정당의 정책 방향과 그동안의 활동들을 살펴 어떤 후보자에게 표를 줄지 고심합니다. 선거철이 되면 국민은 나라의 주인이라는 사실을 실감합니다. 과연 선거를 '민주주의의 꽃'이라 부를 만합니다.

정당은 정치적으로 뜻을 같이하는 사람들이 모여 국민 여론을 반영한 정책을 만듭니다. 국민의 지지를 받아 그 정책들을 실현해야 할 의무가 있습니다. 지방의원·국회의원·도지사·시장 등을 배출하고 최종적으로 자기 당에서 세운 대통령 후보가 정치적 권력, 즉 정권을 잡는 것을 목표로 삼습니다. 가장 중요한 사실은 정당은 국민의 지지, 즉 '선택'을 받아야 하기 때문에 국민 여론에 늘 귀를 기울인다는 점입니다. 국민을 자신의 주인으로 여기고 정당끼리 정책 대결을 펴는 과정에서 국민의 의사를 대신합니다.

국회의원들의 가장 중요한 임무는 무엇일까요? 첫째, 의

1948년 5월 10일 총선거는 대한민국 최초의 민주적 선거였습니다. 공정하고 평등한 선거는 민주주의의 꽃이라고 할 수 있습니다.

회에서 국민의 뜻을 반영하는 정책을 법으로 만듭니다. 둘째, 법을 실행하기 위한 예산을 확보합니다. 마지막으로, 이렇게 만든 정책을 정부가 잘 실행하는지 감시하는 역할도 맡습니다. 이 과정에서 각 정당은 치열하게 경쟁하고 때로는 협력합니다. 시민은 일상에서 생업에 종사하며 국회의원이 민생을 위해 정치를 잘하는지 지켜봅니다. 그리고 선거철이 되면 그동안의 활동을 평가하고 믿을 만한 후보자에게 표를 줍니다. 이것이 오늘날 '의회 민주주의'와 '정당 정치'가 운영되는 원리입니다.

국회의원은 임기가 4년이고 선출 횟수는 제한이 없습니다. 그러니 직업 정치인들은 국민의 지지를 받는 한 몇 번이고 국회의원이 될 수 있습니다. 국회의원은 대한민국 정부 수립 이래로 쭉 국민이 선출했지만 한때 국회의원 선출 권한이 제한적이던 시기가 있었습니다. 유신 체제 때는 국회의원의 3분의 1을 대통령이 임명했습니다. 국민의 선택 대신 대통령의 선택이 중시되었으니 당시 대통령은 자신이 나라의 주인이라고 생각했던 모양입니다.

현재 우리나라의 국회의원 선거와 대통령 선거는 동시에 치러지지 않습니다. 대통령의 통치 활동이 한창인 임기 중간에 국회의원 선거가 행해집니다. 그 결과 뜻밖의 효과를 가져옵니다. 국회의원 선거가 대통령의 통치에 대한 중간 평가 같은 성격을 띱니다. 즉, 대통령의 국정 운영에 대한 지지가 높을수록 국회의원 선거에서 여당 의원들이 더 많이 선출됩니다. 여당 국회의원 수가 많을수록 대통령이 추진하는 정책을 뒷받침하는 법안과 예산 집행이 더 수월해집니다.

여당이 대통령의 정책에 힘을 실어 줄 수 있습니다. 반대로 대통령의 정치가 믿음직하지 않을 때 국민은 야당을 지지합니다. 대통령의 정치 활동에 제동을 걸고 견제하기 위함이지요.

국민은 선거 때마다 대통령과 국회의원이 국민을 위한 정치를 제대로 하고 있는지 철저하게 심판하고 투표권을 행사합니다. 대통령과 국회의원이 국민을 위한 정치, 여론을 반영하는 정치를 할 수밖에 없는 구조입니다. 이것이 바로 민주주의를 위한 '견제와 균형의 원리'입니다.

우리나라는 지방자치 제도를 실시합니다. 즉, **지방 선거**를 통해 내가 사는 지역의 구청장과 시장, 도지사와 지방의회 의원을 주민이 직접 뽑습니다. 지방 행정 책임자를 정부가 임명하지 않고 지방자치를 하는 이유가 무엇일까요?

일단 중앙 정부의 권력을 효과적으로 통제하기 위해서입니다. 그다음으로는 지역 특색에 맞는 공약을 내세운 후보를 선출하기 위해서입니다. 그 결과 정치가 멀리 있지 않고 국민들의 삶의 터전인 생활 속에서 살아 숨 쉽니다. 정책이 위에서 내려오는 것이 아니라 아래에서 국민의 의사를 반영해 만들어집니다. 지방자치로 민주주의의 기초가 튼튼하게 다져집니다. 지방자치를 '풀뿌리 민주주의'라고 부르는 이유

지방 선거

우리나라 지방 선거에서는 여러 개의 선거가 동시에 치러집니다. 광역단체장(시·도지사) 선거, 기초단체장(자치구·시·군의 장) 선거, 지역구광역의원 선거, 지역구기초의원 선거, 비례대표광역의원 선거, 비례대표기초의원 선거 등 유권자는 무려 6곳에 기표를 합니다. 여기에 지방자치가 확대되면서 2007년 부산광역시 교육감 선거부터는 교육감도 주민 직선으로 뽑았습니다.

상당히 복잡해 보이지만 잘 살펴보면 지방자치를 꾸리기 위해 꼭 필요한 사람을 선출하는 과정임을 알 수 있습니다.

입니다.

우리나라의 지방자치는 1949년에 지방자치법이 제정되고 1952년에 지방의원 선거가 실시되었지만, 1961년 박정희의 쿠데타로 지방의회가 해산되면서 30여 년간의 공백기가 있었습니다. 그러다가 지방자치에 대한 국민의 염원으로 마침내 1991년에 지방 선거가 다시 치러지면서 오늘날에 이르렀습니다.

청소년까지 확대된 선거권

2022년에 실시된 제20대 대통령 선거는 역대 최고로 많은 수의 유권자가 투표권을 가졌습니다. 특히 2020년 선거부터 만 18세 이상으로 투표권이 확대되면서 2017년 대통령 선거보다 무려 171만 명가량 유권자가 늘었습니다.

그동안 우리나라는 만 19세부터 선거에 참여할 수 있었습니다. 선거 연령을 만 18세로 낮출지 여부는 오랫동안 논쟁거리였습니다. 만 18세를 선거 참여 기준으로 삼을 경우 고등학교 3학년 학생 일부도 투표가 가능해져 더 많은 사람이 시민의 권리를 가지게 됩니다. 반대했던 쪽에서는 고3은 한창 학업에 전념해야 할 시기라 정치에 신경 쓸 겨를이 없다는 점을 지적했습니다. 성인이 되지 않은 청소년이 책임감 있게 투표권을 행사할지에 대한 우려도 있었습니다. 청소년이 정치적 의사를 스스로 결정하지 못하고 부모나 교사의 의견을 따를 수 있다는 걱정도 있었지요.

그러나 여러 우려와 달리 고3 학생들의 투표 참여율은 꽤 높았습니다. 청소년들은 이미 정치적 이슈에 대해 충분히 이해하고 있었습니다. 투표권을 가진 청소년들은 자신의 정치적 의사결정능력에 대해 의심할 필요가 없다고 주장했습니다. 만 16세부터 투표권을 주는 선진국에 비해 우리나라의 선거 연령은 여전히 높은 편이므로 투표 연령을 낮춘 것이 오히려 때늦은 일이라는 것입니다.

투표권은 더 이상 어른의 전유물이 아닙니다. 청소년도 시민의 일원으로 어른과 동등하게 투표에 참여해 자신의 정치적 의사를 표현할 수 있으며, 정당 가입 역시 가능해졌습니다.

상상해 보세요. 이제 여러분은 자신의 삶과 가장 밀접한 교육 정책에 대한 의견을 내놓을 수 있습니다. 급변하는 세계 경제, 기후 위기와 관련된 여러분의 생각을 정치적으로 직접 표현하고 행동할 권한을 가지게 되었습니다. 국가 정책을 결정하는 데 시민의 일원으로 참여할 수 있게 된 것입니다. 미래 세대가 투표에 참여하면서 더욱 많은 세대로 참정권이 확장되었습니다. 그 결과 다양한 연령층을 위한 정책이 제안되고 만들어질 가능성이 높아졌습니다.

앞서 우리는 우리나라에서 선거권이 어떤 과정을 거쳐 변화했는지 살펴보았습니다. 그동안 청소년은 학급자치회, 전교학생자치회에서 회장·부회장을 뽑는 정도로만 투표를 경험해 왔습니다. 그러나 선거 연령이 만 18세로 내려온 지금, 현실 정치가 청소년과 더 가까워졌고 직접적인 정치 참여가

가능해졌습니다.

시민의 일원으로 얻게 된 이 투표용지를 여러분은 어떻게 사용하고 싶은가요? 정치 활동은 이제 어른만의 몫이 아니라 직접적인 나의 일이라고 생각하니 정치·경제·사회 문제 등 세상일에 더욱 관심이 가지 않나요? 나를 둘러싼 주변에서 일어나는 일에 관심을 기울이고 참여하는 것이야말로 나라의 주인이 되는 첫걸음이자 시민의 의무입니다.

전쟁

결정적 질문 ③

한반도에서 전쟁을

끝낼 수 있을까?

남과 북은 6·25 전쟁 이후 휴전 상태입니다. 갈등과 대립이 고조되면 언제라도 다시 전쟁이 일어날 수 있다는 뜻입니다. 북한이 미사일을 쏠 때마다 관련 뉴스가 쏟아져 나옵니다. 혹시 전쟁이 일어나지 않을까 조마조마하기도 합니다.

남북 간의 갈등은 우리의 삶에 여러모로 영향을 끼칩니다. 과거 남북 간에 갈등의 골이 깊었을 때 우리 사회에 어떤 일이 일어났을까요? 남북 모두가 전쟁의 공포 없이 안심하고 평화를 누리려면 어떤 노력이 필요할까요?

냉전 체제와 빨갱이 사냥

통일연구원은 매해 전 국민을 대상으로 통일에 대한 인식을 조사합니다. 2021년 설문에서는 "남북한 통일이 얼마나 필요하다고 생각하시나요?"라는 질문에 "통일이 필요하다"는 응답이 약 60퍼센트를 차지했습니다. "남북통일과 남북 평화 공존 중 어느 쪽을 선호하시나요?"라는 질문에는 "남북이 전쟁 없이 평화적으로 공존할 수 있다면 통일은 필요 없다"는 응답이 높은 비율을 보였습니다. 즉, 우리 국민은 남북통일을 기대하면서도 통일 그 자체보다는 남북이 평화롭게 공존하는 것을 더 선호합니다.

북한과 평화적 공존을 중시 여긴다는 것은 그만큼 남북 관계가 긴장과 전쟁의 위협에 자주 노출되고 있음을 뜻합니다. 한반도는 세계 유일의 분단국가입니다. 1950년에 시작된 6·25 전쟁은 아직도 끝난 상태가 아닙니다. 1953년에 전쟁을 끝내는 종전이 아니라 잠시 멈춘다는 '휴전 협정'을 맺었기 때문입니다.

북한이 핵무기를 개발한다는 소식이 전해질 때마다 전 세계의 이목이 한반도에 집중됩니다. 한반도에 여전히 전쟁의 그늘이 드리우고 있음을 보여 주는 대목입니다. 전쟁에 대한 공포는 우리의 정치·경제·사회·문화 전반에 영향을 끼칩니다.

일제강점기가 끝나고 한반도는 뜻하지 않게 남과 북으로 분단되었습니다. 제2차 세계대전에서 승리한 미군과 소련 군이 한반도에 들어왔고, 이들은 한반도에 자기 입맛에 맞는 정부가 세워지기를 바랐습니다. 어떤 국가를 세울지 비전이 달랐던 국내 정치 세력 간의 대립은 이 상황을 부추겼습니다. 결국 미국의 지원을 받는 남쪽은 자본주의 체제로, 소련을 배경으로 한 북쪽은 사회주의 체제로 국가가 수립되었습니다. 문제는 이러한 분단이 단순히 서로 다른 체제를 갖춘 두 나라의 성립만을 의미하지 않았다는 것입니다.

당시 세계는 미국과 소련을 중심으로 두 세계가 경쟁하는 냉전 체제 상태였습니다. 남과 북은 이 대립의 선두에 서 있었습니다. 결국 남북 간의 체제 경쟁은 6·25 전쟁이라는 파국을 가져왔습니다. 전쟁은 크나큰 인적·물적 피해는 물론이고, 남과 북에 미움과 적대감을 뿌리내리게 했습니다. 전쟁 이후 남한은 반공을 앞세운 자본주의의 길로, 북한은 북한식 사회주의의 길로 나아갔습니다. 날카롭게 대립각을 세우며 완벽하게 두 나라로 갈라선 것입니다.

요즘도 선거철이 되면 '반공'이니 '멸공'이니 하는 구호들이 자주 등장합니다. '반공反共'은 공산주의를 반대한다는 뜻입니다. '멸공滅共'은 공산주의를 없애겠다는 표현입니다. 실제로 남북이 막 분단되던 무렵과 6·25 전쟁이 한창이던 시기에는 공산주의자를 '빨갱이'라 부르며 제거 대상으로 취급했습니다. 그 예로 대한민국 정부가 수립되던 1948년에 남한만의 단독 선거를 반대하며 제주도에서 일어난 봉기가 있습니다(제주 4·3 사건).

1945년 광복 이후 한반도는 미국과 소련의 대립, 국내 정치 세력 간의 갈등으로 1948년까지 정부 수립이 미루어졌습니다. 결국 유엔UN(국제연합)은 유엔한국임시위원단을 보

냉전 체제

제2차 세계대전이 끝나고 미국 중심의 자본주의 체제와 소련 중심의 사회주의 체제가 서로 대립하고 경쟁했습니다. 직접적인 무력 충돌은 없었지만 두 세력 사이의 팽팽한 긴장감이 마치 냉랭한 전쟁과 같은 상태여서 '냉전 체제'라고 불렀습니다.

냉전 체제에서는 무력 충돌이 드물었지만 한반도에서 일어난 6·25 전쟁은 예외였습니다. 냉전 체제는 동독과 서독으로 분단되었던 독일이 1990년 통일되고 그 후 소련을 비롯한 사회주의 국가들이 몰락하면서 무너집니다.

내 인구 비례에 따른 남북 총선거를 실시해 통일 정부를 수립하기로 결정했습니다. 그런데 북측에서 유엔한국임시위원단을 거부하는 일이 벌어졌습니다. 이승만은 정부 수립을 더 이상 미룰 수 없으니 남쪽만이라도 선거를 치르자고 주장했습니다. 하지만 남한만의 단독 선거가 치러질 경우 남북이 분단되는 것은 불 보듯 뻔했습니다. 김구 등은 분단을 막기 위해 남한만의 단독 선거를 결사반대했습니다. 이 와중에 제주도에서도 단독 선거를 반대하며 봉기가 일어났던 것입니다.

미군정과 이승만은 차질 없이 선거를 치르기 위해 제주도로 경찰과 토벌대를 보내 제주도민들을 무차별적으로 학살했습니다. 공산주의자, 즉 빨갱이들이 선거를 방해하고 나라를 어지럽히려고 폭동을 일으켰다는 것이었습니다. 봉기 초반을 일부 공산주의자들이 주도했던 것은 사실이지만, 육지에서 파견된 군인과 경찰은 민간인들 사이에 공산주의자들이 숨어 있어 구분하기 어렵다며 6·25 전쟁을 거쳐 1954년까지 제주도민 약 3만여 명의 목숨을 빼앗았습니다. 하루아침에 마을 하나가 불타 없어지고 남녀노소 주민들이 한꺼번에 몰살당하는 일이 여기저기서 벌어졌습니다. 이 시기에 초토화된 마을이 130여 개라고 하니 얼마나 잔인했을지

4·3 사건 당시 제주도민들은 경찰과 토벌대를 피해 한라산 깊은 곳으로 피신했습니다.

짐작조차 어렵습니다. 미군정은 이 작전을 "빨갱이 사냥Red Hunt"이라고 불렀습니다.

　첫 단추를 잘못 끼워서였을까요. 이렇게 시작된 무차별적인 빨갱이 사냥은 이후에도 계속되었습니다. 이제 빨갱이라는 낙인은 정권에 대한 반대 세력을 탄압하거나 정치적인 맞수를 제거할 때 효과적인 수단으로 활용되었습니다.

국가보안법이 사람 잡네

1948년에 제정된 '국가보안법'은 북한 공산당과 그 지지자들이 남한에서 활동하지 못하도록 막는 것이 주목적이었습니다. 남과 북은 국가 성립 초기에 서로 다른 정치 체제가 수립되어 정치적으로 상당히 불안정했습니다. 상대방의 체제를 옹호하는 이들을 제거하는 일이 당연시되었습니다. 국가보안법에는 북한에 동조하거나 찬양하는 행동을 규제하는 조항이 있습니다. 특히 이 조항은 6·25 전쟁이 끝나면서 남북 간에 대립과 증오가 커졌을 때 적극적으로 적용되었습니다. 제주 4·3 사건에서 희생자들이 많았던 것도 그런 이유였습니다.

1964년, 중앙정보부(오늘날의 국가정보원)는 북한의 지령을 받은 대규모 지하조직인 인민혁명당(인혁당)이 학생들의 시위를 배후에서 조종했다고 발표했습니다. 바로 '인민혁명당 사건'입니다. 그러나 인혁당은 학생, 언론인, 교사, 통일 운동에 참여하던 사람들을 중앙정보부가 엮어서 만든 조직이었습니다. 있지도 않은 조직을 만든 조작 사건이었지요.

의도가 무엇이었을까요? 같은 해에, 박정희는 일본과 국교 재개를 위해 한일 회담을 진행 중이었습니다. 학생들은

한일 회담

우리나라는 1945년 일본에게서 독립한 후 20년간 일본과 국교가 단절된 상태였습니다. 박정희는 취임 직후부터 본격적으로 일본과 국교 수립을 추진했습니다. 경제 개발에 필요한 자금을 확보하고 소련을 견제하기 위해 한국·타이완·일본·베트남·필리핀 등 동아시아 국가들을 통합하려는 미국의 전략에 호응하기 위해서였습니다.

야당과 대학생들은 일본에 제대로 된 사과를 요구하지 않는 정부의 태도를 문제 삼아 거세게 반발했습니다(6·3 시위). 결국 정부는 계엄령을 선포해 학생들을 구속해 반대 의견을 막고 일본과의 국교를 강행했습니다.

식민지 지배에 대한 일본의 사과와 배상이 없는 국교는 굴욕 외교라며 연일 반대 시위를 벌였습니다. 다급했던 정권은 계엄령을 선포해 시위대를 막았습니다. 여기에 인혁당 사건을 빌미로 학생들의 시위가 북한과 연결된 간첩 행위라고 옥죄면서 더욱 강력하게 탄압할 구실을 만든 것이었습니다. 애초에 조직 따위는 없었으니 유죄를 입증할 증거가 있을 리 만무합니다. 검사들이 증거가 없어 기소할 수 없다고 맞설 정도였습니다. 그런데도 결국 47명을 구속하고 국가보

일본의 사과와 배상 없는 굴욕적인 한일 회담에 반대하며 수많은 학생과 시민이 거리로 나왔습니다.

안법을 적용해 북한을 찬양했다며 간첩으로 몰아갔습니다.

어떻게 이런 일이 가능했을까요? 중앙정보부는 피고인들을 가혹하게 고문했습니다. 억지 증언을 받아 내기 위해 국민의 기본권은 제쳐 두고 무리수를 두었습니다. 결국 고문 사실이 폭로되고 사회적으로 파문이 일었지만, 기어코 피고인 일부에게 북한의 통일 방안에 동조했다는 이유로 징역형을 선고했습니다.

인혁당 사건은 이대로 끝나지 않았습니다. 유신 체제 시기에 박정희 정권은 다시 한번 인혁당 사건을 들추었습니다. 유신 체제에서는 대통령이 긴급 조치를 선포해 정권에 비판적인 움직임을 차단하곤 했습니다. 국가보안법을 적용해 북한의 사주를 받았다며 간첩으로 몰면 그 누구도 옴짝달싹할 수 없었습니다. 남북 분단으로 생긴 이념 대립을 정치적으로 악용하는 비극이었습니다.

1974년, 중앙정보부는 일부 학생들을 중심으로 북한의 지시를 받은 간첩들이 다시 인혁당을 만들어 반란을 시도했다고 발표했습니다. 이른바 '인민혁명당 재건위 사건'입니다. 그러나 이때 잡혀간 사람들은 인혁당의 '인'도 몰랐고, 심지어는 서로 얼굴도 모르는 사이였습니다. 또다시 사건을 조작한 것입니다. 중앙정보부는 왜 이런 일을 벌였을까요? 1973년부터 유신 헌법에 반대하여 개헌을 요구하는 시민 사회의 움직임이 거셌습니다. 정권은 시민들의 반발을 잠재우기 위해 간첩 사건을 만들어 공포 분위기를 조성하려고 했던 것입니다.

중앙정보부는 인혁당 관련자에게 북한과 일본의 공산주의 세력과 결탁해 국가를 무너뜨리려 했다는 혐의를 씌웠습니다. 이번에도 가혹한 고문으로 증거와 진술을 조작했습니다. 그리고 곧장 긴급 조치를 적용해 군법회의를 열고 8명의 피고인에게 사형 선고를 내렸습니다. 정권에 반대하는 사람들을 막기 위해 멀쩡한 사람을 고문해 사건을 조작하고 죄 없는 사람들을 간첩으로 둔갑시켜 사형까지 선고한 것입니다. 끔찍한 일은 더 있습니다. 대법원의 사형 확정 판결이 나고 18시간 후인 바로 다음 날 새벽에 기습적으로 사형을 집행했습니다. 사람들은 이를 두고 국가가 사법권을 악용해 국민을 살해했다고 통탄했습니다. 인권단체인 국제앰네스티는 이 사건을 '사법 살인'으로 규정했습니다.

하루아침에 가족을 잃은 유가족들은 제대로 된 이별도 없이 주검으로 돌아온 가족을 맞았습니다. 심각한 고문의 흔적을 지우기 위해 가족이 확인하기 전에 화장해 버리기도 했습니다.

이뿐만이 아니었습니다. 국가는 유가족들을 간첩 가족으로 낙인찍고 연좌제를 적용했습니다. 취업할 때 불이익을 주고 경찰을 보내 일상생활을 감시했습니다. 빨간 줄이 그어진 유가족들은 국가의 사법 살인에 대해 그 어디에도 억울함을 호소하지 못했습니다. 주변 사람들은 빨갱이라 손가락질하고 서서히 멀어졌습니다.

인혁당 사건은 남북 분단이 가져온 대립 상황을 독재자가 자신의 정치적 위기를 해결하는 수단으로 활용하며 빚어진 대표적인 인권 유린이자 우리 현대사의 비극입니다.

2002년, 의문사진상규명위원회는 인혁당 사건이 중앙정보부의 조작극이라고 공식 발표했습니다. 희생자들이 반란을 꾀했다는 증거는 어디에도 없고 모든 혐의가 고문으로 조작되었음이 밝혀졌습니다. 2006년에는 인혁당 사건 관련자들을 민주화 운동 참여자로 인정했습니다.

억울한 죽음은 되돌릴 길이 없고 유가족들이 그동안 받아온 고통도 회복되기 어렵습니다. 때늦은 진상 규명이 안타깝기만 합니다. 그러나 국가가 희생자들에게 잘못을 인정하고, 불법적인 고문과 조작에 대해 진실을 밝혀 돌아가신 분들의 명예를 회복시킨 대목은 눈여겨볼 만합니다. 국가 권력이 다시는 국민에게 폭력을 휘두르지 않겠다고 반성하며 재발을 막겠다고 약속했기 때문입니다. 또한 국민에게 이 모든 과정을 공개해 권력이 남북 간의 이념 대립을 빌미로 국민의 기본권을 탄압해서는 안 되며, 국민 역시 권력에 대한 감시를 게을리하면 안 된다는 경종을 울렸습니다.

오늘날에도 '반공' '멸공'이라는 말을 아무렇지도 않게 입에 올리는 사람들이 있습니다. 표현의 자유가 있는데 '뭐 어때'라고 말할 수도 있습니다. 그러나 '반공' '멸공'이라는 구호가 얼마나 많은 사람을 억울하게 감옥에 가두고 목숨을 빼앗았는지, 얼마나 오랜 세월 남겨진 가족들의 가슴을 피멍 들게 했는지, 얼마나 심각하게 우리 사회에서 말할 수 있는 자유를 억압했는지 기억한다면 이런 극단적인 표현의 쓰임새에 대해 다시 한번 생각해 보아야 할 것입니다.

선거철 단골 이슈가 된 안보

그렇다면 국가 안보는 중요한 일이 아닐까요? 그렇지 않습니다. 나라의 안전을 보장하기 위해 국내외의 외교·경제·군사적 정보는 꼭 비밀리에 수집해야 합니다. 우리나라는 특히 남과 북이 대치 중인 만큼 북한의 움직임뿐만 아니라 우리를 둘러싼 강대국들에 대한 정보도 제대로 파악해야 합니다. 문제는 그동안의 첩보 활동이 나라가 아니라 정권을 지키기 위한 수단으로 악용되었다는 것입니다.

안보는 중요하지만 국민의 기본권보다 우선시되었을 때 문제가 생깁니다. 안보를 이유로 여론을 조작하고 국민을 침묵시킬 수 있기 때문입니다. 여기서 이득을 본 세력들은 선거철이 되면 표를 얻기 유리해서, 또는 내부 세력의 결집을 위해 일부러 안보 이슈를 키웁니다.

1997년 제15대 대통령 선거를 앞두고 당시 안기부(국가정보원의 전 명칭)는 울산에서 부부 간첩을 검거했습니다. 그런데 안기부가 부부 간첩을 이용해 북한의 무장 병력을 서해안에 상륙시켜 선거에 이용하려 했다는 의혹이 퍼졌습니다. '북풍', 즉 북한과 관련된 사건을 일으켜 국민들의 안보에 대한 불안을 자극해 여당에 유리한 선거를 하려는 것이었지요. 그렇다면 왜 북풍이 여당에 유리했을까요?

우리나라는 1948년에 정부가 수립된 이래로 1997년까지 단 한 번도 정권이 교체되지 않았습니다. 즉, 대통령이 여러 번 바뀌었지만 줄곧 여당 후보가 대통령에 당선되었습니다. 여당은 집권 기간 동안 쭉 공산주의에 대한 반대, 즉 반공을 가장 중요한 국가 시책으로 강조했습니다. 반면에, 야당은 정부의 국방과 외교 정책을 비판하며 북한과 대화하자고 주장했습니다. 당시 여당처럼 기존의 질서를 유지하려는 성향을 '보수'라고 합니다. 우리나라의 보수는 북한에 대한 강경책과 반공을 강조하는 것이 특징입니다. 반면에, 개혁과 변화를 강조하는 쪽은 '진보'라고 부릅니다. 진보는 주로 북한과의 대화를 중요하게 생각합니다.

진보를 '좌파', 보수를 '우파'라고 부릅니다. 진보와 보수는 새의 양 날개처럼 사회의 다양한 의견들을 조율합니다. 민주화가 되기 이전에 우리 사회는 보수 우파가 진보 좌파를 빨갱이라고 부르며 억압했습니다. 북한과의 대화를 주장하면 빨갱이로 몰려 잡혀가기도 했습니다. 6·25 전쟁 이후 오랫동안 지속된 남북 간의 대화 단절과 대립은 우리 사회의 진보를 억압했습니다. 새의 양 날개 중에서 한쪽 날개가 제대로 작동하지 못한 셈입니다. 새가 한쪽 날개로만 날 수 있을까요? 당시 우리 사회는 그처럼 온전하지 못했습니다.

다시 '북풍' 이야기로 돌아가 봅시다. 안기부는 부부 간첩 중 남자 간첩을 시켜 북한에 돌아가기 위해 서해안에 무장 병력을 보내 달라고 요청하게 했습니다. 하지만 북한의 응답이 도착하기 직전에 여자 간첩이 음독자살하는 바람에 안기부의 계획은 실패했습니다.

이 사건이 알려지자 나라가 발칵 뒤집혔습니다. 대통령 선거에서 단지 자기 당에 유리하자고 간첩 사건을 조작하고 국민을 속인 여당은 맹비난을 받았습니다. 이 사건의 진상이 제대로 알려지지 않았다면 야당 후보였던 김대중이 대통령으로 당선되기 어려웠을 것입니다.

연평해전과 고조된 전쟁 위기

　그렇다면 선거철에만 안보가 중요할까요? 그렇지 않습니다. 북한과 우리는 현재 군사적으로 대치하고 있고 예기치 않은 무력 충돌이 빚어지기도 합니다. 그럴 때 보수냐 진보냐에 따라 정치권의 대처 방법이 달라집니다. 남북 간에 논쟁이 되는 이슈가 발생했을 때 정부가 어떤 성향인가 살펴보는 것도 정책을 이해하는 중요한 키포인트입니다.

　1999년과 2002년에 서해 연평도 인근에서 남북 간 교전이 2차례나 벌어졌습니다. 전투 중에 수많은 우리 군인이 목숨을 잃었습니다. 남북 간에 언제든지 군사적 충돌이 일어날 수 있다는 현실을 보여 주는 가슴 아픈 사건이었습니다. 하필 바다에서 교전이 발생한 이유는 무엇일까요?

　해마다 꽃게 철이면 서해에서 남북 어선 사이에 긴장 상태가 지속되었습니다. 꽃게를 따라 내려온 북한 어선을 보호한다며 북한 경비정이 **북방한계선**^{NLL}을 침범하는 일이 빈번했지요. 우리 해군은 고속정을 활용해 북한 경비정의 뒷부분을 부딪치는 밀어내기 작전으로 대응했습니다. 이른바 선박끼리 부딪치는 몸싸움으로 북한군을 막은 것입니다. 1999년 1차 연평도 해전에서는 이 밀어내기 와중에 북한군

북방한계선

북방한계선은 남과 북 사이의 바다에 그어진 경계선입니다. 1953년에 체결된 6·25 전쟁 휴전 협정에서는 남북 간의 육지 경계선만 설정하고 바다에 대한 경계선을 따로 협의하지 않았습니다.

유엔군 사령관 클라크는 당시 국제적으로 통용되는 영해 기준 3해리를 고려해 서해의 연평도, 백령도 등 5개 섬과 북한의 육지와의 대략적인 중간 지점을 기준으로 북방한계선을 그었습니다. 그러나 북한은 협의가 없는 일방적인 조치라며 그 효력을 부인했습니다. 서해에서 발생하는 남북 간 군사 충돌이 발생하는 배경입니다.

이 먼저 사격을 시작했습니다. 우리 해군이 대응 사격을 하자 쌍방 간 교전이 벌어져 북한 경비정이 격침되며 크게 파손되었고, 우리 해군도 손상을 입었습니다.

일촉즉발의 상황은 그 이후에도 계속되었습니다. 그러나 직접적으로 무력을 사용할 경우 자칫 큰 교전으로 번질 수 있기에 우리 군은 북한군과의 충돌을 최대한 피해 왔습니다. 그러던 와중에 2002년에 북한군이 또다시 선제공격을 해 우리 해군 5명이 전사했습니다. 다시금 한반도에 전쟁에 대한 긴장감이 고조되었습니다. 북한군의 무력 도발에 국제 사회의 비판이 빗발쳤습니다.

아까운 목숨이 희생되는 비극을 막으려면 어떤 조치가 필요할까요? 군사력을 키우고 안보를 강화하는 일은 아무리 강조해도 지나치지 않습니다. 그러나 무력 충돌을 피할 더욱 구체적인 방법이 마련되어야 할 것입니다.

평화적인 방법으로는 북방한계선 부근의 서해 바다를 남북이 함께 관리하는 공동 수역으로 지정하자는 제안이 있습니다. 이것이 실현되려면 무엇보다 남북 간에 신뢰가 쌓여야 합니다. 양쪽 어선이 자유롭게 북방한계선을 넘나들며 서로 공격할 의도가 없음을 믿어야 합니다. 이 방안은 앞으로 남북이 차츰차츰 군사적 비용을 축소하자는 제안과도 연결됩니다. 갈 길이 아주 멀어 보입니다.

북한이 군사적으로 공격할 기미가 보이면 우리가 먼저 공격하자는 선제공격론이 있습니다. 현재 우리나라의 군사력은 북한에 비해 압도적으로 우위입니다. 선제공격은 이러한 측면에서는 타당해 보이기도 합니다. 그러나 우리는 이미 전쟁의 참혹함을 겪은 적이 있습니다. 군사적 충돌이 일어났을 때 생길 피해에 대해 외면해서는 안 됩니다. 한반도에서 연평해전 같은 교전이 더 이상 일어나지 않으려면 좀더 근본적인 조치가 필요합니다.

세계가 남북 정상 회담을 주목한 까닭은?

2000년 6월 13일, 김대중 대통령과 북한의 김정일 국방위원장이 평양에서 만나 서로를 얼싸안았습니다. 그리고 6월 15일에 남북 정상 회담이 열렸습니다. 해방 이후 처음으로 남북 정상 회담이 열린 감격적인 순간이었습니다. 그해 김대중 대통령은 한반도와 세계 평화에 기여한 공로로 노벨평화상을 받았습니다. 김대중 대통령은 왜 이토록 적극적으로 남북 정상 회담을 추진했을까요?

1990년대 들어 사회주의 국가들이 대부분 몰락하며 냉전 체제가 무너졌습니다. 북한은 나라가 없어질지도 모르는 위기에 처했습니다. 그래서 사회주의 체제를 고수하고 생존을 보장받기 위해 해서는 안 되는 일에 손을 댔습니다. 바로 핵무기 개발입니다.

북한은 핵무기 개발에 대해 자주적으로 국방을 지키기 위해서라고 주장했습니다. 하지만 궁극적으로는 세계 평화를 위협하기 때문에 용납되기 어려웠습니다. 국제 사회는 그동안 핵 실험을 금지하고 기존의 핵무기를 점차 없애는 등 핵무기가 확산되는 것을 막기 위해 노력해 왔습니다. 북한의 핵 개발 움직임은 국제 사회의 평화를 위한 노력에 찬물을

2000년 6월 13일, 제1차 남북 정상 회담을 위해 평양에 도착한 김대중 대통령이 김정일 국방위원장과 악수를 하고 있습니다.

끼었은 일이었습니다.

국제 사회는 북한에 핵무기 개발을 중단하라고 지속적으로 권했습니다. 이를 어길 경우 국제적인 제재를 가하겠다고 경고했습니다. 북한이 핵무기 개발을 포기하지 않자 마침내 유엔을 중심으로 경제 제재가 이루어졌습니다. 북한은 세계 대부분의 나라와 교류가 불가능해져 극단적인 고립과 경제적 위기를 겪게 되었습니다. 결국 경제 위기를 견디지 못한 북한은 핵무기 개발을 포기하겠다며, 그 대가로 국제 사회에 경제적 도움을 요청했습니다. 하지만 북한은 약속을 제때 지키지 않았습니다. 그러자 국제 사회는 경제적 지원을 끊고 또다시 북한을 고립시켰지요.

이러한 상황에서 김대중 대통령이 '햇볕정책'을 들고 나왔습니다. 북한에 강력한 제재 대신 관용적인 정책을 펴자고 주장했습니다. 마치 《이솝 우화》에서 나그네가 세찬 바람이 아니라 따스한 햇볕을 쐬자 스스로 외투를 벗었듯이 북한을 감싸 안자고 제안했습니다. 사실 그동안 북한에 대한 강경책은 전쟁에 대한 위기감만 높일 뿐 평화에 그다지 도움이 되지 않았습니다.

북한은 햇볕정책에 적극적으로 호응했습니다. 국제 사회에 나오도록 도와주겠다는데 마다할 이유가 없었습니다. 남북 정상 회담에서 남북은 우선 경제적으로 협력해 평화를 위한 기반을 다지기로 뜻을 모았습니다. 곧바로 개성공단이 만들어지고 남북 철도가 연결되었습니다. 꿈에 그리던 금강산 관광도 시작되었습니다. 바야흐로 남북 간에 화해와 평화의 물꼬가 트이기 시작했습니다.

전쟁이 아닌 평화로 가는 길

북한은 주로 국제 사회를 대표하는 미국과 대화를 해오고 있습니다. 북미 간 대화는 순조로울 때보다 좋지 않을 때가 더 많습니다. 미국은 북한이 국제 사회를 속이고 끊임없이 핵 개발을 시도하는 것을 비난합니다. 북한은 미국이 석유와 식량 등을 제공하겠다는 약속을 제대로 지키지 않아 어쩔 수 없었다고 비난합니다. 서로 신뢰가 없으니 대화가 잘되지 않고 제자리를 맴돕니다.

한동안 휴전 협정을 '종전 선언'으로 바꾸자는 논의가 있었습니다. 종전 선언은 6·25 전쟁 이후 전쟁이 중지된 상태를 끝내고 마침내 전쟁을 종료하겠다는 선언입니다. 한반도에서 전쟁이 끝났음을 선언한다면 우리 일상을 불안하게 만드는 전쟁의 공포가 누그러질 것입니다. 남북한 군사적 충돌에 대한 염려도 어느 정도 내려놓을 수 있을 것입니다.

그러나 상황은 여의치 않습니다. 북한과 미국의 대화가 제자리걸음인 상태에서 잊을 만하면 북한이 미사일 실험을 강행합니다. 우리 정부는 북한과 미국을 중재해 보지만 쉽지 않습니다.

세상이 변했는데도 여전히 냉전 시기의 남북 대치와 6·25 전쟁의 공포를 들먹이며 북한과의 대결을 부추기는 사람들이 있습니다. 남한이 정치·경제·사회·문화에서 북한을 앞지른 지 오래입니다. 더 이상의 체제 경쟁이 무의미합니다. 이념과 경제, 국방에서 이미 패배한 북한을 대결 상대로 여길 필요가 있을까요? 오히려 체제가 붕괴될까 우려하는 북한을 안심시켜 국제 사회에서 정상 국가로 활동하도록 이끄는 게 나을 것입니다. 이것이 장기적으로 우리에게도 이익입니다. 게다가 한반도 평화 정착은 전 세계가 전쟁의 공포에서 벗어나는 데 기여합니다.

북한에 대한 관용적인 정책을 비판적으로 보는 시각이 있습니다. 그동안의 남북 교류가 남과 북의 쌍방 교류라기보다 남쪽이 일방적으로 혜택을 베푼 '퍼주기'라는 것입니다. 또한 북한과의 화해 정책이 안보를 취약하게 한다는 지적도 있습니다. 그동안 북한과의 대화에서 눈에 띄는 성과가 나타나지 않았기 때문입니다. 북한과의 신뢰가 여전히 탄탄하지 않다는 점도 문제입니다. 대화보다는 안보가 중요하다는 입장이 자주 부각되는 이유입니다. 그러나 안보에 대한 강조가 남북 관계를 평화로 이끄는 다양한 정책들을 가로막는 장벽이 되어서는 안 되겠습니다.

정책을 수립하는 과정에서 갈등이 발생하면 대화와 타협

으로 해결책을 찾아가는 것이 민주주의의 작동 원리입니다. 남북 관계처럼 우리의 안전과 직결되며 당장에 해결 방안을 찾기 어려운 일일수록 더 많은 논쟁과 제안이 자유롭게 제시되어야 합니다.

유독 선거철이 되면 남북 관계에 대한 대결의 언어가 자주 눈에 띕니다. 편 가르기와 적대감을 조장하면서 남북 관계를 정권 획득의 수단으로 활용하려는 사람들이 있습니다. 일부러 갈등과 대립을 부추겨 표를 얻으려는 계산입니다. 우리는 남북 관계에 대한 여러 정책을 잘 살펴 누가 국민의 안전과 평화를 지킬 수 있을지 잘 분별해야 할 것입니다.

북한과의 관계는 우리나라의 위기관리 측면에서 가장 신경 써야 할 부분입니다. 오랜 세월 대립해 온 남과 북이 하루아침에 평화를 이루기는 어려울 수밖에 없습니다. 그러나 남북 관계에서 가장 중요한 사실은 어떠한 경우에도 전쟁의 위험을 피하고 평화로 가는 방법을 찾는 것입니다. 그 어려운 길을 포기하지 않는 의지 역시 중요합니다. 어렵겠지만 국제 사회와 협력해 북한과 대화하려는 노력을 지속할 때 한반도는 전쟁의 공포 대신 평화에 이르게 될 것입니다.

노동 인권

일하는 사람이

존중받을 수 있을까?

사람들 대부분은 노동으로 생계를 유지합니다. 또한 우리를 둘러싼 모든 것은 노동 없이 만들어질 수 없습니다. 즉, 노동은 우리 삶을 지탱하고 돌아가게 하는 바탕입니다. 노동과 노동하는 사람이 가치 있는 이유입니다.

그러나 우리 사회는 어떤 일을 하느냐에 따라 사람의 값어치를 매기고, 일하는 환경과 조건에 차별을 두기도 합니다. 땀 흘려 일하는 사람을 낮추어 보는 경향도 있습니다. 어떻게 하면 일하는 사람 모두가 인간다운 환경에서 자신이 원하는 일을 하며 안정적으로 살 수 있을까요? 괜찮은 노동 환경을 만들기 위해 우리는 그동안 어떤 노력을 해왔을까요?

근로기준법을 준수하라

1970년 11월 13일 오후 1시 30분경, 평화시장.

22세의 청년 노동자 전태일이 온몸이 불길에 휩싸인 채 외쳤습니다.

"근로기준법을 준수하라!"

"우리는 기계가 아니다!"

"일요일은 쉬게 하라!"

그날 전태일과 동료들은 근로기준법을 불태우는 화형식을 준비했습니다. 경찰과 사업주의 방해로 시위가 무산되자 전태일은 제 몸에 불을 붙였습니다. 노동자들의 비참한 삶을 고발하기 위해서였습니다. 도대체 그는 왜 이토록 극단적인 방법을 선택했을까요?

전태일은 서울 청계천 일대의 평화시장에서 일하던 재단사였습니다. 당시 평화시장의 노동 환경은 너무나 열악했습니다. 대부분의 작업장은 높이 3미터가량의 건물 한 층을 위아래로 쪼갰는데, 다락이라고 부르는 위층은 허리를 펴기 어려울 정도로 비좁고 사방이 막혀 햇빛 한 줌 들어오지 않았습니다. 섬유에서 나온 먼지가 풀풀 날리지만 환풍기는 어디에도 없었습니다.

당시 가난에 쫓겨 시골에서 올라온 10~15세가량의 어린 여성 노동자들을 '여공'이라 불렀습니다. 여공들은 아침 8시부터 밤 11시까지 조금도 쉬지 않고 일했습니다. 1층과 다락을 하루에도 수십 번 오르내리며 무거운 옷감을 나르고 손에 피가 나도록 실밥을 뜯지만 일당은 50원, 당시 짜장면 한 그릇 값인 100원에도 미치지 못했지요.

여공들은 먼지 때문에 폐병에 걸려도 숨기고 일해야 했습니다. 아픈 사실이 알려지면 해고를 당했기 때문입니다. 밥 한 끼 마음 편히 사 먹지 못할 임금을 받고도 병에 걸리면 치료는커녕 쫓겨나는 상황이었습니다. 노동자를 사람이 아니라 소모품 취급하던 것이 당시의 노동 현실이었지요.

전태일은 대구에서 가난한 집의 장남으로 태어나 1965년, 17세의 나이로 평화시장에 취직했습니다. 재단 보조사로 출발해 눈썰미가 좋고 일을 잘 익혀 몇 년 만에 재단사가 되었습니다. 재단사는 여공보다 훨씬 좋은 대우를 받았습니다. 그러나 전태일은 여공들의 비참한 삶을 외면하지 않았습니다. 끼니를 거른 여공에게 집에 돌아갈 차비로 풀빵을 사주느라 정작 자신은 두어 시간 걸어가는 일이 잦았습니다.

그러던 1968년 어느 날, 우연히 '근로기준법'이 있다는 것을 알게 되었습니다. 근로기준법은 전태일의 삶을 송두리째 바꾸어 놓았습니다.

당시 근로기준법은 노동 시간을 1일 8시간, 일주일 48시간으로 제한했고, 초과 근무를 할 경우에는 일주일에 60시간까지만 노동을 허용했습니다. 또한 일주일 1회 이상 유급 휴일을 보장하고 18세 미만 청소년 노동과 여성의 야간 노동도 금지했습니다. 문제는 당시 노동 환경이 근로기준법과 거리가 너무 멀었다는 것입니다. 15세 안팎의 어린 여공들이 밤 11시까지 하루 15시간, 일주일에 100시간 노동은 기본이고 휴일은 한 달에 두 번 있을까 말까였습니다. 즉, 근로기준법은 있으나 마나 한 상태였습니다.

초등학교를 중퇴한 전태일은 한자와 어려운 말로 범벅인 근로기준법과 씨름하며 "대학생 친구 하나만 있었으면" 하고 탄식했습니다. 그러다 동료들과 의기투합해 '바보회'를 만들었습니다. 그동안 노동법이 있는 줄도 모르고 지낸 자신들을 바보라고 부르면서요. 1969년, 바보회는 청계천 노동자들을 대상으로 설문 조사를 실시했습니다. 청계천의 혹독한 노동 환경을 꼭 바꾸고 싶었기 때문입니다. 전태일은 조사 결과를 바탕으로 노동 환경 개선을 요구하는 진정서를 작성한 뒤에 노동청의 근로 감독관을 찾아갔습니다. 그러나 노동청은 문서를 거들떠보지도 않았습니다.

노동자들을 보호할 멀쩡한 법이 있고, 이를 감독할 책임이 있는 기관이 있는데 정작 노동자들의 호소를 모른 체하니 허망한 노릇이었습니다. 이처럼 노동자들의 삶이 전혀 보호받지 못했던 이유가 뭘까요? 당시 우리나라는 '한강의 기적'이라 불릴 정도로 눈부신 경제 성장을 이루고 있었습니다. 기업과 국가는 경제적 이윤 추구를 위해 노동자들의 희생을 당연하게 여겼던 것입니다.

결국 전태일과 바보회 동료들은 미운털이 박혀 일터에서 불이익을 당했습니다. 전태일은 거듭 해고를 당하다 결국 1970년에는 평화시장 어디에서도 일자리를 구할 수 없게 되었지요. 그러나 그는 포기하지 않았습니다. 언론사에 열악한 노동 환경을 제보했고 결국 사회적으로 큰 반향을 일으켰습니다. 1970년에 실시된 국정 감사에서 청계천의 노동 환경이 주목을 받게 되었습니다. 다급했던 노동청은 전태일과 동료들에게 환경을 개선해 주겠다고 약속했습니다. 드디어 노동 환경이 개선되었을까요? 어이없게도 국정 감사가 끝나자 노동청은 얼굴을 바꾸었습니다. 낙담한 전태일과 동료들이 있으나 마나 한 근로기준법을 불태우는 시위를 준비했던 배경입니다.

분신 시도로 병원에 옮겨진 전태일은 온몸에 붕대가 칭칭

전태일의 어머니 이소선은 아들의 뜻을 따라 평생을 노동운동과
민주화 운동에 헌신했습니다.

감긴 채 숨을 거두기 전 어머니의 손을 잡고 이렇게 당부했
습니다.

"내 목숨 하나 바쳐서 창구멍 하나 내놓고 있을 테니까 노
동자, 학생들이 창구멍을 보고 막 소리 지르며 나갈 때 어머
니는 앞장서서 같이 소리를 질러 주세요."

어머니 이소선은 2011년에 돌아가실 때까지 노동운동에
헌신하며 아들과의 약속을 지켰습니다. 한편 전태일의 분신
소식은 사회적으로 큰 충격을 주었습니다. 그의 죽음을 헛

되게 하지 않으려고 노동자들은 대한민국 역사상 최초로 민주적 노동조합인 '청계천피복노조'를 만들었습니다. 지식인과 대학생, 종교인들은 노동자들의 비참한 삶을 외면한 자신들을 부끄럽게 여기고 노동 문제에 관심을 두기 시작했습니다.

전태일은 기업이 장시간, 저임금으로 노동자들을 착취하고, 언론과 국가가 묵인하던 비인간적인 노동 환경을 바꾸기 위해 나섰다 현실의 벽에 부딪혔습니다. 결국 자신을 불살라 우리나라에서 노동운동을 싹틔우는 계기를 만든 상징적인 인물이 되었습니다. 그가 세상을 떠난 지 어언 50여 년이 흘렀습니다. 그렇다면 그동안 우리나라의 노동 환경은 얼마나 나아졌을까요?

그날 태안화력발전소에서는

"죽으러 일터에 가는 사람은 아무도 없습니다. 죽임을 당해야 하는 사람도 없습니다."

2018년 충남 태안화력발전소에서 근무 도중 사망한 김용균의 어머니 김미숙이 언론 인터뷰에서 한 말입니다. 당시 24세이던 청년 노동자 김용균은 첫 직장에서 일한 지 3개월 만에 야간 근무 중 기계를 점검하다 컨베이어 벨트에 끼어 사망했습니다. 그동안 태안화력발전소의 노동자들은 야간 근무가 위험하니 규정에 따라 2인 1조로 근무할 것을 요청해 왔습니다. 하지만 발전소 측이 일할 사람을 구하기 어렵다며 1인 근무로 운영하던 중 사고가 일어났던 것입니다. 동료와 함께 일했다면 위험한 상황에 처했을 때 기계를 멈출 수 있었을지 모릅니다. 김용균은 사망한 지 5시간이 지나서야 발견되었습니다.

유가족은 기업 측을 법정에 세웠습니다. 안전하지 않은 근무 환경 때문에 사건이 발생했다며 그 책임을 물었습니다.

법정에 나온 현장 관리자는 이렇게 증언했습니다.

"작업 현장은 안전했습니다. 조금만 조심했으면 될 일을…… 왜 그렇게 위험하게 일했는지 모르겠습니다."

과연 김용균은 안전 수칙을 제대로 지키지 않아 죽음에 이르렀을까요? 그렇다면 그의 죽음은 개인적인 일이 됩니다. 고용노동부에 따르면, 2020년 한 해 동안 우리나라에서 산업 재해로 사망한 사람은 2,000여 명에 달했습니다. 하루에 5명꼴로 일터에서 근무 중에 죽거나, 일하다 얻은 병으로 목숨을 잃었습니다. 그 숫자가 너무 많아 놀랍습니다. OECD(경제협력개발기구) 통계에 따르면, 우리나라는 회원국 중에서 가장 높은 산업 재해 사망률을 기록하고 있습니다.

산업 재해는 건설업과 제조업 분야에서 가장 많이 발생합니다. 건물을 짓는 건설 현장에서 일하다, 공장에서 기계를 돌리다, 멈춘 지하철을 긴급하게 복구하다, '떨어지고' '끼이고' '부딪치고' '물체에 맞고' '깔립니다'. 더구나 산업 재해로 발생한 사망자 숫자는 최근 몇 년 동안 더 늘고 있습니다.

이처럼 산업 재해가 줄어들지 않는 이유는 무엇일까요? 노동자들은 산업 재해가 발생했을 때 그 책임을 기업 대신 노동자 개인의 잘못으로 돌리는 사회적 분위기가 문제라고 지적합니다. 기업에 안전사고를 막기 위한 책임을 더 철저하게 물어야만 사고가 줄어든다는 것입니다. 선뜻 이해가 되질 않습니다. 노동자가 죽거나 다치기를 바라는 기업이 어디 있겠습니까?

그동안 산업 재해에서 기업이 책임지지 않거나 솜방망이 처벌로 끝나는 경우가 많았습니다. 대규모 건설 기업은 노동자를 직접 고용하는 경우가 드뭅니다. 일거리가 생기면 작은 기업에 일감을 맡깁니다. 일거리를 주는 원래 기업을 원청 업체, 일감을 받는 업체를 하청 업체라 부릅니다. 하청 업체가 노동자를 고용하기 때문에 이 노동자들은 원청 업체 소속이 아닙니다. 이런 이유로 노동자에게 사고가 발생했을 때, 원청은 책임을 하청 업체에 떠넘깁니다.

하청 업체에 책임을 물으면 또 어떻게 될까요? 앞서 이야기한 대로 노동자 개인의 부주의라고 탓하며 빠져나가는 경우가 많습니다. 대체로 위험한 일을 하청 업체에 맡기는 경우가 많고 업체의 규모도 작습니다. 하청 업체가 또 다른 업체에 하청을 주는 일도 있습니다. 하청에 하청을 거듭하다 보면 노동자의 소속이 모호해집니다. 같은 일터에서 근무하는데 누구는 원청, 누구는 하청 업체, 누구는 또 다른 하청 업체 등 소속이 모두 다릅니다. 게다가 고용 방식에서도 **정규직과 비정규직 노동자**로 차이가 있습니다. 같은 일을 할 때 정규직과 비정규직에 따라 월급에서 차이가 나는 경우도 많습니다.

어째서 이렇게 복잡한 방법으로 사람을 고용할까요? 비

정규직과 비정규직 노동자

노동자를 고용하는 방식에 따라 정규직 노동자와 비정규직 노동자로 나뉩니다. 정규직은 보통 하루 종일 근무하고 정년을 보장받습니다. 비정규직은 노동 시간과 기간을 계약으로 정합니다. 계약에 따라 일하기 때문에 정년이 보장되지 않습니다. 정규직에 비해 노동 조건이 불안하고 임금이나 근무 환경이 열악할 수도 있습니다.

용을 줄이기 위해서입니다. 기업은 사업에 들어가는 비용을 더 적게 부르는 업체에게 하청을 줍니다. 하청 업체는 이익을 남기려고 허리띠를 졸라매고, 정규직 대신 비정규직으로 노동자를 고용합니다. 임금을 아끼기 위해서입니다. 더러는 노동자들이 안전하게 일할 수 있는 작업 환경을 만드는 데 소홀해지기도 합니다. 즉, 이윤 추구가 앞설 경우 노동자들이 위험한 환경에 노출될 가능성이 커집니다.

김용균은 태안화력발전소 하청 업체 소속의 비정규직 노동자였습니다. 유가족과 노동계는 이 사건에 하청 업체뿐만 아니라 원청 업체에도 책임이 있다며 소송을 걸었습니다. 개인이 안전 수칙을 지키지 않아서가 아니라 기업이 안전 관리를 소홀히 해 발생한 사건이라는 것이었습니다. 한편 김용균의 어머니 김미숙은 되풀이되는 노동자들의 사고와 사망을 막기 위해 '중대재해처벌법'을 만드는 데 힘을 쏟았습니다.

중대재해처벌법은 노동자에게 치명적인 질병이나 부상, 사망에 이르는 재해가 발생했을 때 하청 업체는 물론이고, 원청 업체에도 책임을 묻는 것을 내용으로 합니다. 언뜻 보기에 사고가 발생하면 기업에 벌을 주자는 것 같아서 많은 기업이 법 제정에 반대했습니다. 하지만 위험한 노동 환경에서도 노동자들이 최대한 안전하게 일할 수 있는 조건을 조성해 노동자의 사망 사고를 막자는 것이 이 법의 진짜 목적입니다.

그동안 산업 환경에서 위험을 방지하는 최소한의 설비나 장비가 마련되지 못해 사람이 죽거나 다치는 일이 빈번했습니다. 안전 관리만 철저했다면 막을 수도 있던 일은 사람이 만든 재난, 즉 인재입니다. 중대재해처벌법은 인재를 법으로 막자는 사회적 합의입니다. 언제 어느 때고 사람의 생명이 우선시되어야 한다는 원칙을 확인한 소중한 성과입니다.

모든 사람은 인간다운 환경에서 노동할 권리가 있습니다. 그러나 아직도 우리나라는 다른 나라에 비해 산업 재해가 빈번하게 발생합니다. 최근에는 디지털 플랫폼을 활용한 배달 노동자와 이주 노동자들의 열악한 노동 환경이 사회 문제가 되었습니다. 보이지 않는 곳곳에서 우리 사회를 지탱하는 노동자들의 노동 인권에 대해 더욱 관심을 기울일 필요가 있겠습니다.

비정규직이 늘어나며 생긴 일들

우리나라 전체 노동자 중에서 비정규직이 차지하는 비중

은 3분의 1이 넘습니다. 노동자들은 비정규직을 줄이고 정규직을 늘리는 것이 우리나라의 노동 문제를 해결하는 지름길이라고 말합니다. 그러나 사용자들은 비정규직은 거스를 수 없는 세계적 추세이고 변화가 심한 경제 환경에 기업이 발 빠르게 대처할 수 있는 가장 기본적인 조건이라고 강조합니다.

1997년까지 우리나라에서 비정규직은 거의 찾아보기 어려웠습니다. 한번 직장에 취직하면 정년까지 간다는 평생직장 개념이 일반적이었습니다. 이때 외환 위기가 닥쳤습니다. 외환 위기는 나라 빚이 눈덩이처럼 불어나 국가가 부도 위기에 처했던 사건입니다. **국제통화기금**IMF은 우리나라에 돈을 빌려주는 대가로 기업 구조를 바꾸라고 요구했습니다. 이때 들어온 개념이 '노동 시장의 유연화'입니다. 노동자를 고용하고 해고하는 것을 유연하게, 즉 쉽게 하라는 것이지요. 그 결과 비정규직이 대폭 늘어났습니다.

비정규직이 폭발적으로 늘자 여러 문제가 생겼습니다.

첫째, 사람을 해고하는 것이 쉬워졌습니다. 외환 위기를 극복하기 위해 정부는 고통 분담을 내세웠습니다. 나라가 망할 위기이니 노동자와 사용자가 합심해 고통을 나누어 가지자는 것이었습니다. 그러나 외환 위기를 극복한 후에도 한번 늘어난 비정규직 비율은 줄어들지 않고 오히려 더 늘어났습니다. 심지어 계약 기간 중에 해고를 당하는 일도 잦았습니다. 노동자들은 호소했습니다.

"해고는 살인이다!"

왜 이런 극단적인 표현을 썼을까요? 일자리를 잃으면 하루아침에 생계가 무너집니다. 갑작스러운 해고는 생존을 위협하는 심각한 일입니다.

둘째, 비정규직에 대한 차별입니다. 통계에 따르면 비정규직은 정규직에 비해 80퍼센트의 월급만 받고 일합니다. 근무 환경에서 차별을 받기도 합니다. 재계약 때문에 직장

국제통화기금

제2차 세계대전이 끝난 후 만들어진 국제기구입니다. 전 세계 189개국(2016년 기준)이 회원국이고 우리나라는 1955년에 가입했습니다. 회원국의 경제 규모에 따라 돈을 모아 지원이 필요한 회원국에 빌려주고 그 나라의 경제 구조 개편에 간여합니다.

우리나라는 1997년 외환 위기 당시 국제통화기금에서 210억 달러를 지원받았습니다. 이후 국제통화기금의 요구에 따라 대대적으로 경제 구조를 개편하고 2001년에 지원금을 모두 갚아 국제통화기금의 관리를 졸업했습니다.

에서 부당한 대우를 받거나 차별을 당해도 제대로 항의하기 어렵습니다.

'비정규직보호법'은 비정규직의 노동 인권을 보호하기 위해 만들어졌습니다. 이 법은 마땅한 이유 없이 비정규직을 해고하는 것을 금지합니다. 또한 정규직과 똑같은 일을 하는데도 임금을 적게 주거나 근무 환경에서 차별하는 것도 막습니다. 만약 사업주가 법을 어기면 노동자는 신고할 수 있고, 국가는 적극적으로 개입해 노동자를 보호합니다.

노동 시간을 줄이는 것이 뭐길래?

노동 환경과 관련된 법을 하나 더 살펴보겠습니다. '주 52시간 근무제'에 대해 들어 보았나요? 2018년까지 우리나라의 주당 최대 근로 시간은 68시간이었습니다. 주 52시간 근무제의 시행으로 주당 노동 시간이 68시간에서 52시간으로 줄었습니다. 보통 하루 8시간, 일주일에 5일을 근무하면 주당 노동 시간은 40시간입니다. 여기에 근무 시간이 끝나고 더 일하는 연장 근무와 토요일과 일요일 근무 시간을 12시간으로 제한해 주당 52시간까지 노동을 허용한 것입니다. 법적으로 노동 시간을 제한하는 것은 장시간 노동에서 노동자를 보호하기 위한 조치입니다. 법이 제정되기 전까지 찬반 의견이 팽팽했습니다.

주당 노동 시간을 줄이자는 쪽은 노동 생산성을 높일 수 있다는 점을 최고 장점으로 꼽았습니다. 즉, 많은 시간을 일하면 능률이 떨어지지만, 충분히 쉰 다음에 일하면 효율이 높아진다는 것입니다. 만약 여러분에게 공부를 많이 해야 하니까 토요일과 일요일에도 학교에 오라면 어떻겠습니까? 아마도 너무 지쳐서 공부가 잘되지 않을 것입니다. 오히려 주말에 신나게 놀고 푹 쉬어야 주중에 학교에 잘 다닐 수 있습니다. 노동자도 마찬가지입니다. 또 노동 시간을 줄이면 산업 재해가 줄어들고, 더 많은 사람과 일자리를 나눌 수 있다는 점도 이야기되었습니다.

68시간을 유지하자는 쪽은 우리나라는 아직 노동 시간을 줄일 단계가 아니라고 주장했습니다. 노동 시간을 줄이면 국가 전체의 노동 시간이 줄어들어 경제 성장에 나쁜 영향을 끼친다는 것이었습니다. 일을 많이 할수록 임금을 더 많이 받을 수 있어서 노동 시간을 줄이지 않기를 바라는 사람들도 있다는 점도 지적했습니다.

'워라밸'이라는 말을 들어 보았나요? 일^{work}과 삶^{life}의 균형

^{balance}을 중요시하는 요즘의 추세를 뜻합니다. 월급이 줄더라도 장시간 노동 대신 개인적인 삶을 위한 시간을 확보하려는 것입니다. 이 같은 사회적 추세에 따라 2018년 주 52시간 근무제가 법으로 제정되었습니다.

주 52시간 근무제가 실시되자 어떤 일이 벌어졌을까요? 법이 정착된 2021년 여름 여론 조사에서 70퍼센트 이상의 노동자들이 근로 시간 단축을 잘한 일이라 평가했습니다. 심지어 노동 시간이 줄어들어 임금이 감소한 경우에도 일을 더 하고 임금을 더 받기보다는 정시에 퇴근해 여가를 즐기고 가족과 함께하겠다는 응답이 훨씬 많았습니다. 또한 주 52시간 근무제로 충분히 쉴 수 있어 생산성이 늘었다고 응답했습니다.

애초의 우려대로 국가 전체의 노동 시간이 줄어 경제 성장에 나쁜 영향을 주었을까요? 그렇지 않습니다. 우리나라 국내총생산^{GDP}은 여전히 세계 10위권에 자리하고 있고, 코로나19(코로나바이러스감염증-19)가 유행하던 시기에도 다른 나라보다 높은 경제 성장을 이루었습니다.

놀라운 사실은 주 52시간 근무제를 실시하는데도 우리나라는 OECD 회원국 중에서 아직도 노동 시간이 가장 긴 나라로 손꼽힙니다. 2021년 OECD의 통계에 따르면, 2020년

2020년 OECD 연간 노동 시간

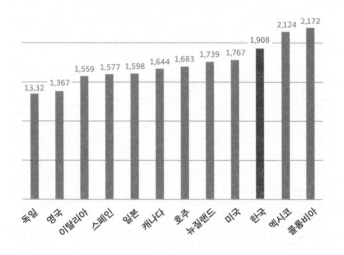

우리나라의 평균 노동 시간은 OECD 국가들 가운데 최상위에 속합니다.

우리나라의 연간 평균 노동 시간은 1,908시간입니다. OECD 연간 평균 노동 시간 1,687시간보다 221시간이 더 길고, 38개 회원국 가운데 콜롬비아, 멕시코에 이어 세 번째로 많이 일합니다. 우리 사회에서는 '일중독' '과로사'라는 표현이 낯설지 않습니다. 최근 들어 세계 10대 선진국 중에는 주 4일제로 근무하는 나라들도 생겨났습니다. 일주일에 5일이 아니라 4일만 학교에 가는 모습을 상상해 보세요. 신나지 않나요?

앞으로 이 부분이 사회적으로 논의되고 합의된다면 법으로 반영될 수도 있습니다.

노동자의 권리를 보호하려면

장래 희망이 무엇이냐는 질문에, "건물 주인"이라고 답하는 청소년이 많다는 우스갯소리가 있습니다. 많은 청소년이 노동은 힘든 것이므로 되도록 하지 않았으면 좋겠다고 여깁니다. 청소년뿐만 아니라 어른도 비슷한 생각을 가집니다. 남녀노소 불문하고 일하는 것보다 쉬거나 일을 덜 하는 것을 좋아합니다.

그런데 우리가 사는 세상은 노동 없이 돌아가기 어렵습니다. 여러분이 아침에 일어나 학교에 가는 과정을 떠올려 볼까요? 일어나 세수를 하고 맛있게 아침을 먹습니다. 교복을 입고 스마트폰으로 영상을 잠깐 본 후, 학교에 갑니다. 밥상에 오른 밥과 반찬들, 챙겨 입은 교복과 신발, 우리 집, 스마트폰과 거기 담긴 영상, 학교로 가는 도로 등 우리를 둘러싼 먹고, 입고, 생활하는 공간에서 쓰는 모든 물건들은 누군가의 땀방울로 만들어졌습니다. 우리가 읽는 책, 즐기는 음악도 누군가의 노동으로 만들어집니다. 일상생활 곳곳에서 노동의 손길이 미치지 않은 곳이 없습니다.

그런데도 노동과 노동자는 오랫동안 존중받지 못했습니다. 전태일의 죽음 이후에도 노동자들은 정당한 권리를 보장받기 위해 치열하게 싸워 왔습니다. 우리나라 헌법은 노동자에게 단결권, 단체 교섭권, 단체 행동권을 보장합니다. 이를 '노동 3권'이라고 합니다. 그럼 이 세 가지 권리에 대해 살펴볼까요.

첫째, '단결권'은 노동조합을 만들 수 있는 권리입니다. 노동조합을 줄여서 '노조'라고도 합니다. 노동자는 사용자에게 임금을 받기 때문에 사용자와 동등하게 의사 표현을 하기 어렵습니다. 자칫하면 노동자의 권리를 침해받습니다. "뭉치면 살고 흩어지면 죽는다"라는 말이 있습니다. 노동자들이 단결해 자신들의 목소리를 내는 것이 노동조합을 만드는 목적입니다.

둘째, '단체 교섭권'은 노동조합의 대표가 사용자와 동등한 입장에서 임금과 노동 조건 등에 대해 협상하는 권한을 말합니다. 노동자들의 가장 중요한 관심사는 임금 협상입니다. 노동자는 일하는 대가로 임금을 받기 때문이지요. 노동자들은 임금을 더 많이 받고 싶고, 사용자는 이윤을 남겨야

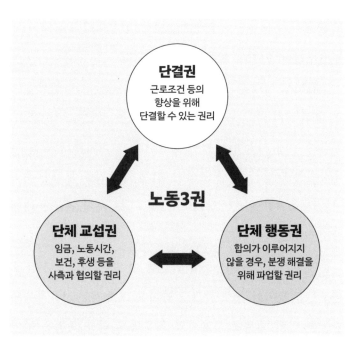

대한민국 헌법 제33조 1항에는 '노동 3권'을 보장하고 있습니다.

하니 임금을 덜 주고 싶을 것입니다. 이때 임금 협상의 기초 자료로 활용하는 것이 국가에서 만든 최저 임금제입니다.

셋째, '단체 행동권'은 만약 사용자와 단체 교섭이 잘 안 될 경우 노동자들이 단체로 행동할 수 있는 권리입니다. 대표적인 단체 행동권이 바로 파업입니다. 파업은 하던 일을 중단하는 것입니다. 노동자가 일을 하지만 천천히 하는 태업도 있습니다. 이 외에도 불매 운동이 있습니다. 이 모든 단체 행동은 노동자가 합의 과정에서 교섭을 유리하게 이끌기 위한 것입니다. 단체 행동 단계에 이르면 노사는 적정선에서 타협해 대체로 합의를 이루어 냅니다.

하지만 합의가 잘되지 않는 경우도 많습니다. 이럴 때 노동자들은 파업 같은 단체 행동권을 사용합니다. 파업이 일어날 때 언론의 역할이 매우 중요합니다. 예를 들어 지하철 노동자들이 파업을 하면 시민들이 상당히 불편해집니다. 자세한 내막을 모르면 노동자를 탓하기 쉽습니다. 그러니 언론은 노동자와 사용자 사이에 어떤 협의 사항이 문제인지, 서로의 의견이 어떻게 다른지 전후 사정을 객관적으로 보도해야 합니다. 파업이 일어나는 데는 노사 모두에게 책임이

최저 임금제 `TIP`

임금의 최저 금액을 정해 그 이상 주도록 하는 제도입니다. 매해 물가 인상률 등을 고려해 다음 해의 최저 임금을 미리 정합니다. 2022년도 최저 임금은 1시간당 9,160원입니다. 주 5일, 8시간 노동(209시간 기준) 했을 때 2022년 월급은 191만 4,440원입니다. 간혹 노동자에게 최저 임금만 지급하는 것으로 오해하는데 그 이상을 지급하라는 게 본래의 취지입니다. 만약 사용자가 이보다 더 적은 금액을 주었을 경우 노동자는 시정을 요구할 수 있습니다.

있다는 것을 염두에 두고, 우리 사회가 더욱 관심을 가져야 하겠습니다.

노동 관련 정책을 만들 때 노동 인권을 보호하는 것이 최우선입니다. 그러나 기업의 활동을 지나치게 제약하는 것도 피해야 합니다. 정치는 노동자와 사용자의 요구에서 균형을 찾기 위해 여론을 살펴 법을 만듭니다. 정부는 이렇게 만들어진 법이 잘 지켜지는지 감시해 노동자들의 권리가 보장되도록 힘씁니다. 관리가 소홀하면 그 틈을 타 기업이 노동조합을 탄압하고 제대로 된 임금 지불을 미루거나, 안전한 노동 환경을 만드는 데 느슨해지기 쉽습니다. 이윤 추구가 기업 활동의 속성이기 때문입니다. 시민 역시도 노동의 문제를 노동자와 사용자, 정치에만 맡겨 둘 것이 아니라 함께 감시하고 지속적으로 관심을 두어야 합니다. 일터에 사람이 있기 때문입니다.

여기, 청소년 노동자도 있어요

2020년 여성가족부 통계에 따르면, 전체 청소년 가운데 4.5퍼센트가 아르바이트를 경험했습니다. '청소년 노동자'라는 표현이 더 이상 어색하지 않은 상황입니다. 최근에는 코로나19가 유행하면서 음식점, 식당에서 일하는 청소년의 비중이 줄어들고 배달, 운전 아르바이트의 비율이 높아졌습니다.

그런데 청소년 노동자 절반 이상이 일터에서 부당한 대우를 받았습니다. 청소년 노동자 대다수가 어리다는 이유로 폭언, 폭행 등 인권 침해를 당하고 임금에서 불이익을 받았습니다. 특히 청소년 노동자 2명 가운데 1명꼴로 최저 임금조차 받지 못했습니다. 5명 가운데 1명꼴로는 임금을 주지 않고 미루는 임금 체불을 당했습니다다. 양심을 버리고 청소년 노동을 헐값에 이용하고 돈벌이로만 여기는 어른들이 부끄러울 따름입니다. 그러나 노동 인권을 침해당한 청소년들은 일자리를 잃을까 두려워 대부분 제대로 항의하거나 시정을 요구하지 못했습니다.

어떻게 하면 청소년들이 일터에서 더는 부당한 일들을 겪지 않을 수 있을까요? 먼저 어른들이 청소년 노동자들을 보호하는 조치들을 적극적으로 취해야 합니다. 그리고 청소년 노동자에게 일터에서 보장받을 수 있는 권리에 대해 자세히 알려 주어야 합니다. 또 권리를 침해당했을 때 청소년 노동 상담을 어디에서 받을 수 있는지 책임지고 교육해야 합니다.

청소년 노동자에 대한 노동 인권 교육이 학교와 사회에서 적극적으로 이루어져야겠습니다.

한편 국가는 노동법이 청소년 노동자까지 보호할 수 있도록 법을 더 세밀하게 만들 필요가 있습니다. 일단 법이 만들어지면 잘 지키도록 관리하고 감독하는 것 역시 국가의 몫입니다. 그렇다면 일하는 청소년은 어떤 권리를 보장받을 수 있는지 알아볼까요?

근로기준법상 청소년은 만 15세 이상 18세 미만을 의미합니다. 즉, 원칙적으로 만 15세 이상만 일할 수 있습니다. 단, 만 13세 이상에서 15세 미만 청소년은 고용노동부에서 허가를 받으면 일을 할 수 있습니다. 이때도 청소년 노동자는 반드시 보호자의 허락을 받아야 하고, 나이를 증명하는 서류를 제출해야 합니다.

어른과 마찬가지로 청소년도 위험한 상황이나 해로운 환경에서 일하면 안 됩니다. 특히 청소년에게 유해한 업소에서 청소년을 고용해서는 안 되겠지요. 만약 일하다 다치면 어른과 마찬가지로 치료와 보상을 받을 수 있습니다. 요즘 배달 노동을 하는 청소년이 부쩍 늘었습니다. 만약에 다치기라도 한다면 사장님이 치료비를 공동으로 부담하는 것이 원칙입니다. 다친 청소년에게 치료비를 모두 책임지라고 하면 불법입니다. 또한 업체는 반드시 안전 장비를 제공하고 미리 보험에도 가입해 만약의 사고에 대비해야 합니다.

노동 시간에도 제한이 있습니다. 성인은 하루 8시간, 일주일에 40시간을 일하지만 청소년은 하루 7시간, 주 35시간을 초과해서 일할 수 없습니다. 최저 임금은 성인과 같은 금액을 받습니다. 여기에 만약 휴일에 일하거나 평일에도 근무 시간을 넘겨 초과 근무를 했을 때는 최저 시급에서 50퍼센트를 더한 금액을 받습니다. 이 경우에도 밤 10시 이후 일해서는 안 됩니다. 사장님이 하루 일당을 6만 원으로 하자고 해도 받아들이면 안 됩니다(2022년 기준 최저 시급 9,160원, 7시간은 64,120원). 반드시 최저 임금 이상을 받아야 합니다.

이상의 모든 조건은 어른들과 마찬가지로 근로 계약서를 작성해 보장받아야 합니다. 어른들에게는 당연히 적용되는 노동 인권이 청소년이라는 이유만으로 부당하게 보호받지 못하는 일이 없어야겠지요. 일하는 청소년은 자신의 권리를 잘 이해하고, 사회는 청소년 노동자를 보호하는 데 힘써야겠습니다.

시민 민주주의

나도 정치에

참여해야 할까?

우리는 민주 공화국에 살고 있습니다. 나라의 주인인 시민은 투표에 참여해 주권을 행사합니다. 선거철이 아니라 평소에도 시민은 관심만 있으면 정치에 참여할 수 있습니다. 따라서 시민이 사회를 어떤 방향으로 이끌지 마음먹기에 따라 사회의 성격과 모습이 바뀔 수 있습니다.

그동안 시민들은 사회에서 일어나는 다양한 문제를 해결하기 위해 어떤 노력을 해왔을까요? 많은 사람이 인간다운 삶을 누리고, 진짜 민주주의를 실현하려면 시민은 무엇을 해야 할까요?

시민들은 왜 촛불을 들었을까?

2016년 12월 3일 밤, 매서운 칼바람이 뺨을 스치고 아스팔트 바닥에서 찬 기운이 올라왔습니다. 거리에 어둠이 내리자 촛불을 든 시민들이 구호를 외쳤습니다.

"박근혜는 퇴진하라!"

"박근혜는 퇴진하라!"

광화문 거리를 메우기 시작한 인파가 어느덧 시청 앞 광장까지 빼곡하게 들어찼습니다. 시위대의 끝이 어디인지 도무지 보이지 않았습니다. 거리에는 사람과 사람, 촛불과 촛불이 넘실댔습니다. 시민들의 우레와 같은 함성 소리는 빌딩 숲 사이로 메아리처럼 울려 퍼졌습니다. 멀지 않은 청와대까지 닿을 것만 같았습니다.

남녀노소 할 것 없이, 가족 단위로 집회에 참여한 사람들도 많았습니다. 삼삼오오 문화 공연을 구경하거나 추위를 녹이며 주변 노점상에서 간식을 먹기도 했습니다. 거리를 행진하며 구호를 외치는 사람들도 보였습니다. 누구 하나 다른 사람의 지시와 통제 없이 자유롭게 집회에 참여했습니다. 옷깃을 여미게 하는 추위에도 사람들의 표정은 하나같이 밝았습니다. 경찰은 묵묵히 시민들 곁을 지키며 안전하게 시

2016년 촛불 집회는 전국에서 일어났습니다. 집회에 참석한 한 어린이가 촛불을 들고 있습니다.

위가 이루어지도록 질서를 유지하는 데 최선을 다했습니다.

이날 전국 60여 개 도시에서 한꺼번에 집회가 열렸습니다. 주최 측 추산 230만 명의 시민이 참여했습니다(경찰 추산 20만 명). 대한민국 역사상 최대 규모의 집회였습니다.

며칠 후인 12월 9일, 국회에서 대통령 탄핵 소추에 대한 투표가 있을 예정이었습니다. 시민들은 측근에게 권력을 내주고 헌법과 법률에서 정한 대통령의 역할을 제대로 수행하지 못한 대통령을 끌어내리기를 원했습니다. 국민의 뜻이 무엇인지 대대적으로 보여 주기 위해 갑작스러운 추위에도 아랑곳하지 않고 거리에서 촛불을 든 것이었습니다.

여야 국회의원들은 시민들의 뜨거운 요구를 받아들여 압도적인 찬성으로 탄핵안을 통과시켰습니다. 그리고 이듬해인 2017년 3월 10일, 헌법재판소는 탄핵을 최종적으로 결정했습니다. 박근혜 전 대통령은 대한민국 헌정사상 처음으로 탄핵으로 파면된 대통령이 되었습니다. 이 모든 것은 촛불 집회의 힘이었습니다.

그런데 시민들은 왜 촛불을 들고 집회를 진행할까요? 촛불 집회는 주로 해가 지고 난 뒤 밤에 열리는데, 이때 촛불은 비폭력적인 시위를 하겠다는 의지의 표현입니다. 평화적인 시위이기에, 시민들은 촛불을 들고 침묵하거나 구호를

탄핵

대통령, 국무총리, 법관 등 고위직 공무원이 법을 어겼을 때 임기가 아직 끝나지 않았어도 자리에서 물러나도록 파면하는 제도를 말합니다. 탄핵은 '탄핵 소추'와 '탄핵 심판'의 두 단계로 이루어집니다. 국회에서 탄핵을 요구하는 탄핵 소추안이 통과되면 헌법재판소에서 최종적으로 탄핵을 할지 말지를 심판합니다. 이를 '탄핵 심판'이라고 합니다.

대한민국 역사에서 두 차례 탄핵 소추안이 국회를 통과했고, 그중 한 번만 헌법재판소에서 탄핵이 최종적으로 결정되었습니다.

외치거나 거리를 행진하는 것이 특징입니다.

2016년 촛불 집회는 세계에서 유례를 찾아볼 수 없을 정도로 대규모 인원이 참여했습니다. 정치를 바로잡고자 수많은 시민이 집회가 지속되는 두세 달 동안 광장에 모였습니다. 그 과정에서 단 한 건의 사건 사고나 폭력적인 상황도 발생하지 않고 평화로운 시위가 전개되었습니다. 밤에 열렸는데도 안전해서 남녀노소 누구나, 가족 단위로도 참여할 만큼 대중적이었습니다. 심지어 집회를 마치고 시민들이 각자 앉았던 자리를 청소해, 다음 날 깨끗해진 거리가 화제되기도 했습니다. 집회가 계속되면서 시민 의식이 날로 성숙해졌음을 보여 주는 대목입니다.

국회에서 탄핵안이 통과된 것은 이번이 처음은 아니었습니다. 2004년에도 노무현 대통령에 대한 탄핵안이 국회를 통과한 적이 있습니다. 당시에는 2016년과 달리 탄핵안 통과에 반대하는 촛불 집회가 열렸습니다. 국민 여론의 70퍼센트 이상이 탄핵안에 반대했습니다. 탄핵을 주도한 야당을 비판하는 여론이 들끓었습니다. 그 결과 탄핵안이 통과된 직후 치러진 국회의원 선거에서 탄핵을 이끈 정당들은 대대적으로 국민의 심판을 받았습니다. 의석수 대부분을 잃었고, 탄핵을 주도한 정치인들 대부분도 이에 책임을 지고 정계에서 은퇴했습니다. 물론 헌법재판소는 당시의 탄핵안을 통과시키지 않았습니다.

2004년과 2016년에 대통령 탄핵이라는 상황에서 국민들이 정반대 이유로 촛불 집회를 열었다는 점이 흥미롭습니다. 그러나 정치가 시민의 의사를 왜곡하거나 제대로 반영하지 못할 때 이를 바로잡고자 시민이 촛불을 들었다는 점은 같습니다.

국민이 '직접' 정치에 참여하는 세 가지 방법

우리나라는 대의 민주주의를 실시하고 있습니다. 국민이 직접 정치에 참여하지 않고 국회의원과 대통령을 뽑아 이들에게 정치를 맡기는 것입니다. 모든 국민이 국가의 정책을 직접 결정하기 어려운 복잡한 현대 사회에서 무척 효율적인 제도입니다.

그러나 대의 민주주의에도 단점은 있습니다. 정치인들이 표를 의식해서 자신을 뽑아 준 사람들의 이익만 좇을 수 있습니다. 이 과정에서 국민 전체의 이익보다 일부에게만 유리한 정책을 만들고 공공을 위한 것이라 포장합니다. 가끔 인기를 얻으려고 공공의 이익에 도움이 되지 않는 정치를 할 수도 있습니다. 또 오랫동안 권력이 집중되면서 부정부패가 나타날 수도 있습니다.

국민이 정치인을 견제하고 언제든 직접 정치적 의사를 표현하는 제도가 필요해 보입니다. 앞서의 촛불 집회가 바로 국민들이 잘못된 정치를 바로잡기 위해 직접 행동으로 정치적 의사를 표현한 경우입니다. 다른 방법으로는 또 무엇이 있을까요? 우선 '국민 투표제'가 떠오릅니다. 우리나라에서는 대통령이나 국회의원을 뽑을 때 외에도 국민 투표가 치러지기도 합니다. 중요한 법이나 정책을 만들 때 국민에게 찬성과 반대를 묻는 것입니다. 그동안 헌법 개정안을 확정 지을 때 국민 투표를 해왔습니다.

그리고 '국민 발안제'와 '국민 소환제'가 있습니다. 국민 발안제는 국민이 직접 헌법이나 법률에 대한 개정안을 제안하는 제도입니다. 아직 우리나라는 이 제도를 실시하지 않고 있습니다. 국민 소환제는 대통령이나 국회의원 등이 부패하거나 불법적인 일을 저질렀을 때 임기 중에 파면하는 제도입니다.

대통령은 국회와 헌법 재판소에서 탄핵안을 처리하기 때문에 국민이 직접 대통령을 파면할 수 없습니다. 국민이 촛불 집회를 열어 국회와 헌법 재판소에 탄핵안을 실행하라고 요구한 배경입니다. 국회의원에 대해 국민 소환제를 적용하자는 논의가 있지만 아직 실시 전입니다. 국민 소환제가 실시되면 국회의원들이 더욱 경각심을 가지고 국민의 의사를 존중하는 정치를 할 텐데, 여러분 생각은 어떤가요?

시민의 권리와 의무

"대한민국은 민주 공화국이다."

헌법 제1조 제1항의 내용입니다. 얼마나 중요하기에 헌법 맨 앞에 언급되었을까요?

'민주 공화국'이라는 말의 의미를 살펴봅시다. 공화국은 왕이 통치하는 군주국을 비판하며 만들어졌습니다. 군주국에서는 왕 한 사람이 권력을 독점합니다. 공화국에서는 여러 사람이 권력을 나누어 가집니다. 그렇다면 왕 말고 누가 권력을 가질까요? 고대 로마에서는 한때 몇몇 귀족 가문만 권력을 누렸습니다. 이를 '귀족 공화국'이라고 합니다. 국민 전체가 주권을 가지면 뭐라 부르면 될까요? 그게 바로 민주 공화국입니다. 민주 공화국은 국민이 주권을 가진 나라를 뜻합니다.

여러분은 태어나면서부터 줄곧 국민이 나라의 주인인 세상에 살고 있습니다. 대통령이나 국회의원이 나라의 주인이 아니라는 것쯤은 잘 압니다. 그러나 한때 민주주의가 제대로 작동하지 않던 시기도 있었습니다. 4·19 혁명, 5·18 민주화 운동, 6월 항쟁 등은 정치가 민주주의를 훼손할 때 국민들이 적극적으로 저항한 사건입니다. 이 민주화 운동들을 통해 우리 사회는 민주주의 체제를 온전하게 갖추었습니다.

한편 '국민'과 더불어 '시민'이라는 말도 자주 씁니다. 민주 시민, 시민 교육, 시민 의식 이런 말을 들어 보았을 것입니다. 두 단어는 비슷하면서도 쓰임새에 조금 차이가 있습니다. "국민이 주권을 가진다", "선거로 국민의 대표를 뽑는다", "국민은 나라의 법을 지켜야 한다" 등 '국민'은 국가에 대한 법적인 권리와 의무를 말할 때 주로 씁니다.

'시민'이라는 표현은 언제 쓸까요? 고대 그리스의 도시 국가에서 시민은 정치에 참여할 권리를 가진 사람들을 뜻했습니다. 시민은 크고 작은 정치적인 일에 적극적으로 참여하고 활발하게 서로의 의견을 나누었습니다. 자신이 도시 국가의 주인이라고 여겼기 때문입니다. 오늘날에도 시민은 정치에 능동적으로 참여하는 사람들을 뜻합니다.

고대 그리스 아테네의 남성 시민은 모두 정치에 참여했습니다. 직접 민주주의의 기원이라고 할 수 있습니다.

정치에 능동적으로 참여한다는 것은 어떤 걸까요? 누가
시키지 않아도 자발적으로 투표장에 가고 정치적인 일에 대

TIP 그리스의 도시 국가

고대 그리스에는 수백 개의 도시 국가가 있었습니다. 그중 아테
네에서 민주주의가 처음 시작되었습니다. 아테네는 여성과 노
예, 외국인을 제외한 모든 남성 시민들이 정치에 참여했습니다.
오늘날과 비교하면 시민의 범위가 좁은 편입니다. 남성 시민들
은 추첨으로 공직에 임명되었고 국가에서 수당을 받았습니다. 그
결과 가난한 시민들도 공공의 정치 활동에 적극적으로 참여할 수
있었습니다.

해 자신의 의견을 분명하게 밝히는 것입니다. 투표권은 시민이 가진 으뜸의 권리입니다. 시민이 정치에 무관심한 나라의 경우 투표 참여율이 전반적으로 낮습니다. 우리나라는 투표율이 높은 편입니다. 시민들의 정치에 대한 관심이 높다고 볼 수 있습니다. 하지만 선거 때만 반짝 정치에 관심을 가진다면 민주주의가 잘 돌아갈까요? 만약 투표 참여율은 높지만 많은 사람이 바람직하지 않은 후보에게 표를 준다면요?

정치인을 바르게 선택하는 안목은 평소 꾸준히 정치에 관심을 가져야 생깁니다. 누가 시민을 위한 정치를 할지, 공약을 잘 지킬지 분별할 수 있는 힘을 길러야 합니다. 하지만 오늘날처럼 바쁘고 복잡한 사회에서 정치적 관심사는 나와 관련된 일에만 한정되기 쉽습니다. 어떤 정책을 지지할 때 나에게 이익이 되는지를 따질 뿐, 나와 내 가족의 범위를 벗어나는 일에 관심을 가지기는 무척 어렵습니다.

민주 공화국에서는 누구나 자유롭게 자신의 의사를 표현할 권리가 있습니다. 모든 시민이 평등하게 권력을 나누어 가지기 때문입니다. 나이나 직업, 학력, 재산, 외모, 장애 여부 등은 전혀 상관없습니다. 그 결과 어떤 정책을 만들 때마다 각계각층에서 다양한 목소리가 터져 나옵니다. 서로 다른 이해관계가 부딪치고 갈등합니다. 애초에 모두의 마음에 딱 들어맞는 정책이란 존재하지 않을지도 모릅니다.

그렇다면 최종적인 결론은 어떻게 이끌어 낼까요? 이때 중요한 것이 대화와 타협입니다. 대화는 다양한 의견이 오가는 소란스러운 과정입니다. 이를 통해 서로의 입장 차이를 알게 되고 몰랐던 부분도 공감할 수 있습니다. 사회적 약자나 소수자의 의견도 소외시키지 않습니다. 타협은 다양한 의견을 조율하는 과정입니다. 나와 이웃이 더불어 잘 살아가도록 결론을 찾아가는 과정입니다. 이를 '공공성을 추구한다'고 합니다.

최종적으로 결정된 내용이 내 생각과 다를 수 있습니다. 때로는 손해 보는 일도 생깁니다. 이것이 바로 시민이 참여하는 민주주의의 중요한 특징입니다. 즉, 다양한 시민의 의견을 존중하고 협의해서 내린 결론이 비록 내게는 손해가 되더라도 공동으로 책임지는 것입니다. 이를 다른 표현으로 '연대한다'고 합니다. 연대는 '함께 책임을 진다'는 뜻입니다. 시민 사이의 연대는 권리 못지않은 시민의 의무이기도 합니다.

의료 복지 정책 한 가지를 살펴볼까요? 집안에 암 환자가 생겼다고 가정해 봅시다. 암은 환자 본인과 가족 모두에게 경제적·심리적으로 매우 힘든 질병입니다. 다행히도 우리나라는 국민건강보험에서 진료비 부담이 높은 중증질환과 희귀질환에 대해 소득에 상관없이 부담할 비용을 낮추어 주는 '중증환자 산정 특례제도'를 운영합니다. 이 제도의 혜택으로 암은 진료비에서 본인 부담률이 5퍼센트이고 나머지 95퍼센트는 국가가 부담합니다. 안타깝게도 국민건강보험에서 비용을 지불하지 않는 항목들이 있지만 형편이 어려운 사람도 기본적인 치료비 걱정을 덜게 되었습니다.

국가의 복지 예산은 세금에서 나옵니다. 그런데 만약 세금이 부담된다고 반대하는 사람들이 많았다면 어떻게 되었을까요? 시민이 절대적으로 반대하는 제도는 실행되기 어렵습니다. 다행히 시민들은 지금 나와 내 가족이 환자가 아니더라도, 나의 주머니 사정이 넉넉해 굳이 국가의 지원이 필요 없어도, 암 치료비 지원을 환영했습니다. 이 제도로 병원비 걱정으로 치료를 제때 못 받거나 가정 경제가 무너지는 이웃을 보호할 수 있기 때문입니다. 물론 훗날 나와 내 가족도 혜택을 받을 수 있겠지요. 지금 내가 손해를 보더라도 이웃과 더불어 잘 살아가는 데 필요한 정책이라면 시민이 함께 책임지기로 결정한 것입니다. 사회적인 연대를 보여 주는 대표적인 사례입니다.

사회 구성원 모두가 잘 사는 세상은 어찌 보면 민주 공화국이 나아가려는 이상향에 가깝습니다. 다양한 이해관계가 부딪치면서도 시민들 사이의 대화와 타협, 연대를 통해 굴러가는 것이 민주주의 사회의 특징입니다. 우리는 자기주장을 자유롭게 하면서도 동료 시민들을 평등하게 존중하고 연대하는 시민을 "시민답다" 또는 "시민 의식이 있다"라고 말합니다.

감시하고 연대하는 시민 단체

우리 사회의 시민들은 사회 문제에 관심이 많습니다. 선거철이 되면 정치, 경제, 교육, 남북 관계 등에 관한 정책 토론이 활발히 이루어지고 자신의 생각 한마디쯤은 쉽게 보탤 수 있습니다. 더 이상 시민들은 정치를 정치인의 몫으로만 생각하지 않습니다.

요즘 세상엔 마음만 먹으면 개인적으로 정치적 의사를 표현하는 것이 그리 어렵지 않습니다. 그러나 시민이 일상생활을 하면서 정부가 추진하는 그 방대한 일들에 대해 그때그때 문제점을 지적하고 해결책을 제시하기는 지극히 힘듭니다. 이 점에 착안해 시민들이 본격적으로 정치 활동을 감시하기 위해 단체를 만듭니다. 바로 시민 단체의 등장입니다.

전 세계적으로 활동하는 대표적인 시민 단체로 그린피스 GreenPeace가 있습니다. 그린피스는 "행동을 통한 긍정적인 변화 Positive Change Through Action"를 모토로 세계를 무대로 환경 보호 활동을 전개합니다. 지금도 핵 실험 반대, 일회용 플라스틱 사용 중단, 해양 보호 등의 캠페인을 벌이며 세계 바다 곳곳에 그린피스의 배 '레인보우 워리어호'가 떠다니고 있습니다.

우리나라에서는 1987년 6월 항쟁 이후 시민들의 정치 참여 의식이 높아지면서 다양한 분야의 시민 단체가 등장했습니다. 경제, 노동, 여성, 인권, 평화, 환경, 교육, 소비자 등 사회 영역 전반에 걸쳐서 단체가 조직되었습니다. 최근에는 동물권에 관심을 둔 단체도 나타났습니다. 경제정의실천시민연합, 인권운동사랑방, 참여연대, 환경운동연합, 녹색연합, 한국여성의전화, 사교육걱정없는세상, 동물권행동카라 등 이름만 들어도 대략 어떤 일을 하는 단체인지 짐작이 갑니다.

우리나라 최대 규모의 시민 단체인 '참여연대'에 대해 알아볼까요? 참여연대는 "세상을 바꾸는 시민의 힘"을 내세웁니다. 1994년에 시민들이 모여 자발적으로 조직했습니다. 권력 기관이라고 할 정부, 국회, 법원, 기업 등을 시민의 눈으로 감시하고 공익을 생각하는 정책을 제안합니다. 때로는 제안한 정책에 대한 여론을 조성해 법을 만드는 데 영향력을 행사하기도 합니다. 이동통신요금 인하 운동, 대학 등록금 반값 운동, 현실적인 최저 생계비 책정 운동, 촛불 집회 주도, 한반도 종전협정 추진 등 참으로 다양한 사회 문제에 관심을 두고 꾸준히 활동하고 있습니다.

여론을 형성해 정치에 영향을 끼치는 단체도 있습니다. 정당이나 노동조합도 시민 단체처럼 집단적으로 활동하며 정치에 영향을 줍니다. 각 단체의 차이점도 있습니다. 정당은 국민들이 원하는 정책을 만들어서 지지를 얻고, 최종적으로 정치권력을 획득하는 것이 목적입니다. 만약 정치를 잘못하면 국민의 심판을 받습니다.

노동조합은 어떻게 다를까요? 노조는 노동자 집단의 이익을 대신해 행동합니다. 사용자와 입장 차이로 대립하기도 합니다. 노조처럼 특정 집단의 이익을 추구하는 조직을 이익 집단이라고 합니다. 이를테면 의사들의 집단인 의사회, 간호사들의 집단인 간호사회도 대표적인 이익 집단입니다.

반면에, 시민 단체는 공공의 이익, 즉 공익 추구를 목적으로 삼습니다. 공익의 관점에서 다양한 시민의 의견이 차별 없이 정책에 반영되는 데 힘씁니다. 때문에 시민 단체는 시민들의 적극적인 지지와 참여가 활동의 중요한 원동력입니다. 대부분의 시민 단체는 정부에서 재정을 일부 지원받지만 주로 시민의 후원금으로 운영됩니다. 어떤 단체는 정부에 대한 비판적 시선이 무뎌질까 염려해 일체 정부의 지원을 거부하고 순수하게 시민의 후원금으로만 운영되기도 합니다. 하지만 최근 들어 경제 상황이 나빠지면서 시민 단체에 대한 후원이 예전 같지 않아 많은 단체가 재정적인 어려움을 겪고 있습니다. 시민들이 좀더 여유롭게 시민 단체에 관심을 기울일 날이 오기를 기대해 봅니다.

일상에서 민주주의 실천하기

민주주의가 유지되고 발전하기 위해서는 시민 한 사람 한 사람이 민주주의를 실천하는 진짜 민주주의자가 되어야 합니다. 제도가 민주주의의 형태를 갖추었다고 해서 민주주의가 이루어지지는 않습니다. 민주주의라는 정원에서 살아가는 시민들이 정성을 다해 민주주의를 돌볼 때 민주주의가 꽃을 피울 수 있습니다.

여러분은 민주주의자입니까? 투표에 참여하는 것, 시민

단체에서 활동하는 것 등은 민주주의자가 하는 일입니다. 집회에 참여해 목소리를 내거나 신문이나 방송에 말하고 싶은 내용을 제보하는 것도 적극적인 민주주의자가 하는 일입니다. 그렇다면 이처럼 품이 들고 거창한 일들만 민주주의를 실천하는 것일까요? 일상에서 민주주의를 좀더 쉽게 실천할 수는 없을까요?

요즘은 인터넷 공간에서 활발하게 정치와 정치인에 대해 의견을 쓰고 공유합니다. 포털 정치 게시판에 댓글 수백 개가 달리는 일이 흔합니다. 특정 정치적 성향을 띤 다양한 사이트들도 운영 중입니다. 언제 어느 때고 어떤 정치적 이슈에 대해 알고 싶으면 정보 검색과 클릭 몇 번이면 호기심이 해결됩니다.

한동안 **청와대 국민청원**이 인기였습니다. 여러분도 혹시 국민청원 게시판에서 '동의' 버튼을 누른 적이 있나요? 국민이 어떤 일에 대한 해결을 호소하는 글을 게시판에 올리면 20만 명 이상이 동의했을 때 정부에서 직접 응답했습니다. 마치 조선 시대 신문고가 되살아난 것 같았습니다.

사회적으로 어떤 일이 화제가 되었을 때 인터넷상에서 치열한 논쟁이 벌어집니다. 논쟁이 거듭되며 발전적인 모습으로 나아가기도 하지만 대부분은 오프라인 토론과 사뭇 다른

청와대 국민청원

문재인 정부에서 운영된 청와대 국민청원은 국민 누구나 글을 올려 정치인들이 미처 다루지 못한 문제들을 발견하고 개선하는 계기가 되었습니다. 참여적인 시민 의식을 보여 주는 대표적인 모범 사례로 유엔의 국민 온라인 참여 평가에서 우리나라가 세계 1위를 차지하는 데 기여했습니다.

국민청원을 통해 디지털 성범죄에 대한 처벌, 소방공무원의 국가직 전환, 경비원의 근로 환경 개선 등이 법으로 제정되었습니다.

양상을 보입니다. 그저 내편 네편을 가르고, 각자 생각의 차이를 확인하느라 급급한 경우도 많습니다. 처음에는 논리적으로 이루어지던 토론이 감정싸움과 상호 비방을 남발하며 소모적으로 끝나기도 합니다. 반대편의 게시 글에 우르르 몰려가 악성 댓글을 쏟아붓고 초토화시키는 경우도 많습니다. 모두가 만신창이가 되는 이 과정을 스포츠쯤으로 여기는 사람들도 있습니다.

디지털 매체의 속성상 현실의 자아를 숨길 수 있고 화면 너머에 진짜 사람이 있다는 것을 쉽게 잊기 때문입니다. 인터넷상에서 상대방을 모욕하거나 비방하고 명예를 훼손하는 일은 흔하게 일어납니다. 자유로운 의사 표현을 내세워

상대방의 인격을 비방할 권리는 누구에게도 허락되지 않습니다. 온라인이건 오프라인이건 마찬가지입니다.

인터넷상에서 활발하게 정치적 의견을 나누는 것은 사회적 쟁점에 대한 관심에서 출발했습니다. 이 관심을 건강하게 유지하려면 주의가 필요합니다. 일단 인터넷에서 오가는 정보를 글자 그대로 받아들여서는 안 됩니다. 생각을 가다듬는 하나의 시각이나 자료로 여기고 비판적으로 바라보는 태도가 중요합니다. 언론이나 뉴스를 접할 때도 마찬가지입니다. 요즘에는 검증되지 않은 가짜 뉴스가 골칫거리입니다. 단순히 글로 사실을 왜곡하는 데서 나아가 음성과 영상까지 조작할 수 있는 세상입니다.

그렇다면 비판적으로 바라보는 태도는 어떤 것일까요? 어떤 일에 대해 오가는 의견이 누구의 입장인가 따져 보고 나만의 시각으로 판단하는 것입니다. 시민 의식을 발휘해 각각의 의견들이 공동체를 위한 가치와 공공성을 담고 있나 살펴보세요. 사회적 쟁점들에 대해 비판적으로 생각하는 힘은 오늘날처럼 정보의 홍수 시대를 살아가는 우리에게 꼭 필요한 능력일 것입니다.

청소년 시민이 만들어 갈 민주주의 세상

청소년들은 실제 생활에서 어떻게 민주주의를 실천할 수 있을까요? 우리나라 청소년들은 자유, 평등, 연대 등 민주주의에 대한 기본 이해가 세계 어느 나라 청소년보다 높은 편입니다. 그러나 시민 활동에 참여하는 비율은 다른 나라 청소년에 비해 지극히 낮습니다. 잘 찾아보면 청소년들이 나와 우리를 둘러싼 세상에 목소리를 내고 참여할 수 있는 분야가 무궁무진합니다.

우리 반 학급 회의나 수업 시간에 내 생각을 말하고 친구들의 의견을 경청하는 것, 학생자치회를 구성하고 참여하는 것 등은 소소하지만 일상생활에서 민주주의를 실천하는 자연스러운 발걸음이 될 것입니다. 사회적 쟁점에 대해 비판적인 시민 의식으로 나만의 생각을 정리해 보는 것은 어떤가요? 세상을 바라보는 힘을 키우는 것은 민주주의자로 성장하는 과정이기도 합니다.

학교와 사회를 연결하는 청소년 사회 참여 활동에 참여하는 것도 좋습니다. 학교 밖에서 청소년의 권리를 주장하는 청소년 운동, 급변하는 기후 위기에 관심을 쏟는 청소년 기후 행동, 사회 낮은 곳을 살피는 자선과 기부 활동 등에 참여할 수도 있습니다.

학업을 중시하는 우리 사회의 풍토는 여전히 청소년들이 사회 문제에 관심을 가지고 참여할 기회를 제한합니다. 참으로 안타까운 일입니다. 2019년에 선거법이 개정되어 만 18세 이상이면 청소년도 유권자로 투표에 참여할 수 있습니다. 만 16세 이상이면 정당에도 가입할 수 있습니다. 청소년은 이제 어른들과 동등하게 참정권을 가진 동료 시민이 되었습니다. 유례없는 청소년의 정치 참여가 우리 사회에 어떤 변화를 불러올지 기대됩니다.

청소년을 시민 사회의 일원으로 존중하고 시민 의식을 키우도록 돕는 것은 학교와 사회가 함께 책임져야 할 일이기도 합니다. 청소년이 민주주의자로 잘 자라야 우리 사회의 민주주의가 더욱 튼튼하게 유지될 수 있기 때문입니다.

복지

결정적 질문 ❻

왜 가난한 사람을

돌보아야 할까?

인류 역사가 시작된 이래 빈부 격차는 늘 있어 왔지만 요즘에는 그 차이가 더 심각해졌습니다. 가난 때문에 당장의 끼니를 걱정하고, 제대로 배우지 못하고, 병에 걸려도 치료비가 무서워 병원에 가지 못하는 사람들이 의외로 많습니다.

모든 사람은 자유롭고 평등하게 인간으로서 존엄을 지키며 삶을 누릴 권리가 있습니다. 가난은 그 당연한 권리를 막는 걸림돌이 될 수 있기에 오늘날 대부분의 국가와 사회는 빈곤을 해결하기 위해 노력하고 있습니다. 그동안 사회가 빈곤을 어떻게 해결해 왔고, 앞으로 어떤 일을 더 할 수 있을지 살펴볼까요?

광주 대단지 사건을 아시나요?

1971년 8월 10일 오전 11시경, 경기도 광주군 성남 출장소 앞. 격분한 군중이 관용차 4대와 성남 출장소를 불태웠습니다. 이때 모인 사람은 대략 3만여 명으로, 흥분한 주민 일부는 버스를 빼앗아 타고 대통령과의 면담을 요구하며 서울로 향했습니다. 경찰은 이들이 서울로 들어오는 것을 겨우 막았습니다.

오후 3시경, 경찰이 시위대에 최루탄을 쏘며 길에서 언덕 위로 몰아대자 시위대는 500여 명까지 줄어들며 경찰과 대치했습니다.

"배가 고파 못 살겠다!"

"일자리를 달라!"

"백 원에 산 땅, 만 원에 파는 폭리를 취하지 마라!"

"영세민을 더 이상 착취하지 마라!"

당시 주민들이 내건 현수막에 쓰여 있던 말들입니다. 도대체 무슨 일이 있었기에 군중이 이토록 분노하며 집단행동을 한 것일까요?

1968년, 서울시는 청계천 일대에 다닥다닥 붙은 판잣집을 철거할 계획을 세웠습니다. 일자리를 찾아 서울로 몰려든 가난한 사람들이 지은 무허가 판잣집이 도시 미관을 해친다는 이유였습니다. 서울시는 청계천에서 철거한 빈민들을 지금의 성남시인 경기도 광주군 중부면 일대로 이주시킬 계획을 세우고 그곳을 '광주 대단지'라고 불렀습니다. 한편 청계천의 빈민들에게는 한 가구당 집 지을 땅 20평을 1평당 2,000원에 불하(국가가 싼값에 토지나 주택 등을 파는 것)하고 3년 안에 갚으면 된다며 이주를 강요했습니다. 결국 빈민들은 서울시의 약속만 믿고 새로운 보금자리를 찾아 이주를 결정했습니다. 이들은 다시 서울로 돌아오지 않겠다는 각서를 작성하고 트럭에 실려 경기도 광주군으로 이사했습니다.

그런데 광주에 도착한 철거민들은 황당한 일을 겪었습니다. 이들이 도착한 곳에는 산을 깎아 만든 구릉만 덩그러니 있었기 때문입니다. 그야말로 아무것도 없는 황무지에 사람들을 강제로 이주시켰던 것입니다. 당시 광주 대단지는 상하수도 시설은 물론이고, 제대로 된 도로도 없었습니다. 철거민들은 부랴부랴 군용 천막을 설치했습니다. 이처럼 열악한 환경에 1969년 9월부터 1971년까지 약 12만 6,000명이 이주했습니다.

허허벌판에 사람들을 데려다 놓았으니 제대로 된 일자리가 없었습니다. 서울로 가는 버스가 하루에 몇 대밖에 없어

강제 이주당한 철거민은 천막을 짓고 아무것도 없는 황무지에서 생활했습니다.

일을 하려면 아침 일찍 일어나 두세 시간씩 걸어 다녀야 했습니다. 이 와중에 1971년 5월에 서울시는 갑자기 주민들에게 보름 안에 집을 짓지 않으면 땅의 불하를 취소한다고 일방적으로 통고했습니다. 집을 지을 여건이 안 되는 주민들은 발을 동동 굴렀습니다. 곧이어 7월에는 원래 약속한 1평당 불하 가격인 2,000원에서 4~8배 올린 8,000원~1만 6,000원의 땅값을 보름 안에 납부하라고 통보했습니다. 가난한 주민들은 그렇게 큰돈을 갑자기 마련할 수가 없었습니다.

청계천에서 쫓겨나 어렵사리 살 곳을 일군 주민들에게 청천벽력 같은 소식이었습니다. 주민들은 곧바로 대책 위원회를 조직하고 서울시에 대화를 요청했습니다. 아무리 기다려도 서울시에서 응답이 없자 주민들은 대표 217명을 선출하고 대책 위원회를 투쟁 위원회로 전환했습니다. 그리고 투쟁 위원회는 8월 10일을 '최후 결단의 날'로 통고하고 서울시장과 면담을 제안했습니다. 이에 서울시장은 그날 주민들과 만나겠다고 약속했습니다.

8월 10일 아침 9시 무렵부터 군중이 성남 출장소 부근에 모여들었습니다. 가슴에 "살인적인 불하 가격 결사반대한다"라는 문구의 리본을 달고, 손 팻말을 든 약 3만여 명의 주민들은 오전 11시까지 양택식 서울시장이 나타나기를 기다렸습니다. 그러나 아무리 기다려도 양 시장이 나타나지 않자 속았다고 생각한 주민들이 흥분해 광주 대단지 성남 출장소와 파출소를 파괴한 것입니다. 나중에 알려진 바로는 그날 양 시장은 서울에서 대단지까지 오는 동안 도로 사정이 나빠 제시간에 도착하지 못했다고 합니다. 뒤늦게 도착한 양 시장은 분노한 시위대를 보자 감히 차에서 내리지 못하고 되돌아간 것이지요. 사태가 커지자 정부와 서울시는 주민들의 요구를 전부 수용하겠다고 약속했고 시위대는 자진 해산했습니다.

그리고 다음 날 새벽, 시위 주동자로 지목된 주민 22명이 검거되었습니다. 폭력 시위를 일으킨 폭도라는 이유였습니다. 그중 20명이 법적인 처벌을 받았습니다. 곧이어 정부는 주민들에게 약속한 대로 서울로 가는 교통편을 늘렸고, 광주 대단지 일대에 일자리를 만들었습니다. 마침내 1973년에는 성남 출장소가 성남시로 승격되었습니다.

광주 대단지 사건은 우리나라 경제가 급속도로 성장하는 과정에서 생긴 그늘을 단적으로 보여 줍니다. 산업화 과정에서 정부는 가난한 도시 빈민의 생존권에 무관심했습니다. 무계획적으로 황무지에 사람들을 던져 놓을 때부터 빈민에 대한 주거 안정 대책이 전혀 보이지 않았습니다. 오히려 투기꾼들이 올려놓은 땅값을 챙기겠다며 가난한 주민들과 맺은 애초의 약속을 어길 정도였습니다. 결국 성난 주민들이 생존권을 지키기 위해 저항했던 것이 바로 광주 대단지 사건입니다.

2021년, 성남시는 광주 대단지 사건 50주년을 맞아 '8·10 성남(광주 대단지) 민권 운동'으로 명칭을 바꿔 민주화 운동으로 기념했습니다. 오늘날 우리나라의 대표적인 IT기업이 즐비한 도시의 첫 출발이 도시 빈민들의 생존권 투쟁에서 비롯되었다는 사실에 격세지감을 느낍니다.

그렇다면 대부분이 먹고살 만해진 오늘날 우리 사회는 가난한 사람들에게 최소한의 생존권인 생계 안정과 주거 안정을 잘 보장하고 있을까요?

누구에게 복지가 필요할까?

"금수저를 물고 태어났다"는 말을 들어 보았나요? 금수저에 이어 은수저, 동수저, 심지어 흙수저라는 말까지 등장했습니다. 이러한 구분은 단순히 부모의 경제력이 좋다, 나쁘다를 떠나 태어난 환경에 따라 불평등이 고정되는 현실을 비판할 때 주로 쓰입니다.

'2022년 세계불평등보고서'에 따르면, 우리나라의 상위 10퍼센트 계층에 58퍼센트 이상의 부가 쏠려 있습니다. 최근 30여 년 동안 부는 소수에게 더 집중되어 중산층은 줄어들고 가난한 사람들 숫자가 더 늘어났습니다. 이처럼 부와 가난의 격차가 극단적으로 벌어지는 것을 '양극화'라고 합

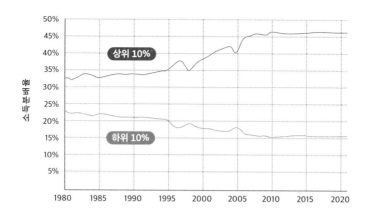

'2022년 세계불평등보고서'에 따르면, 양극화는 점차 심화되고 있습니다.

니다. 양극화는 여러 가지 사회 문제를 일으킵니다.

가난한 사람이 중산층으로 올라가는 일은 이제 그림의 떡이 되었습니다. "개천에서 용 난다"는 말이 있습니다. 가난한 집안에서 태어난 사람이 출세할 때 쓰던 말입니다. 우리나라는 6·25 전쟁이 끝날 무렵만 해도 국민 대부분이 가난했습니다. 1970년대 급격한 경제 성장이 이루어지면서 가난하지만 열심히 노력한 사람들에게 성공의 기회가 열렸습니다. 그러나 1997년 외환 위기를 겪으며 개천에서 용 나가기가 아주 많이 어려워졌습니다. 위로 올라가는 계층 이동이 거의 불가능해지고, 가난한 사람들이 더 가난해지는 빈곤의 악순환을 가져왔습니다.

빈곤의 악순환은 노인과 어린이, 장애인 등 사회적 약자들의 생존을 위협합니다. 당장 끼니를 걱정하는 사람들이 부쩍 많아졌습니다. 집안 형편 때문에 대학교를 포기하거나 제때 병원 치료를 못 받아 고통받는 사람들도 있습니다. 최근에는 노년층과 청년층에서 빈곤 속에 고독사하는 경우가 늘어나 큰 충격을 줍니다. 고독사는 홀로 살다 죽음을 맞고 그 죽음이 한참 후에 발견되는 경우를 말합니다. 가난으로 인간의 존엄이 훼손되는 대표적인 사례입니다.

빈곤은 또한 민주주의를 위협하기도 합니다. 만약 생계 때문에 선거하는 날 투표장 대신 일터에 가는 사람들이 많아진다면 어떤 일이 벌어질까요? 누구나 자유롭고 평등한 민주주의가 유지되려면 모든 국민들의 기본적인 경제력이 안정되어야 합니다. 고대 그리스의 도시 국가에서는 정치에 참여하는 시민들에게 국가가 소득을 보장했습니다. 즉, 경제력 안정이 바탕이 되어야 시민들의 적극적인 정치 참여가 가능하다는 뜻입니다.

이처럼 빈곤으로 인간다운 삶이 보장되지 못하고 사회가 불안해지는 것을 막기 위해 국가가 적극적으로 개입하는 것을 '복지'라고 합니다. 현재 우리나라는 소득이 없거나 매우 낮고, 일할 수 없는 사람들의 생계를 적극적으로 보호합니다.

또한 복지 시설에서 생활하는 아동, 노인, 장애인 등에게도 복지를 제공합니다.

삶을 위한 최소한의 조건

2014년 2월, 서울 송파구에 살던 어머니와 두 딸이 생활고를 비관해 스스로 생을 마감한 사건이 있었습니다. 어머니는 식당 일을 하며 두 딸의 생계를 책임지다 몸을 크게 다쳐 일자리를 잃었습니다. 큰딸은 당뇨와 고혈압을 앓았지만 병원비가 비싸 제대로 된 치료를 받지 못했습니다. 만화가 지망생이던 작은딸은 아르바이트를 했지만 카드 빚으로 신용 불량자가 되었습니다. 먹고살 길이 막막해진 세 모녀는 어디에도 도움을 청하지 못한 채 실의에 빠져 "정말 죄송합니다"라는 메모를 집주인에게 남긴 채 세상을 떠났습니다. 전 재산인 현금 70만 원을 집세와 공과금으로 남겨 둔 상태로 말입니다.

가난 때문에 극단적인 선택을 한 이들의 눈물겨운 사연이 알려지자 복지 제도를 다시 손보아야 한다는 여론이 일어났습니다. 국가가 미처 돌보지 못한 복지의 사각지대에 놓인 사람들이 의외로 많습니다. 갑작스럽게 일자리를 잃거나 병에 걸려 일을 못 하게 되는 경우 국가가 복잡한 서류 절차 대신 어려움에 빠진 사람을 먼저 지원해야 할 필요성이 절실해졌습니다.

그런데 복지는 가난을 해결하기 위해서만 필요할까요? 오늘날의 복지는 빈민 구제에서 한 걸음 더 나아가 모든 사람의 인간다운 삶을 보장하기 위해 고민하는 단계에 이르렀습니다. 우리 사회에서 인간다운 삶을 위해 가장 먼저 신경 써야 할 분야는 무엇일까요? 많은 사람들이 '교육'과 '주거 안정'을 손꼽습니다. 현재 우리나라는 중학교까지를 무상 교육으로 지원합니다.

주거 안정은 전 국민의 관심사입니다. 우리나라는 소득 대비 집값이 세계 최고 수준으로 높습니다. 치솟는 집값 때문에 월급만으로 집을 사기 어렵습니다. 집을 구입할 경우 상당 부분 대출에 의지하고, 빚을 갚느라 삶의 질이 떨어집니다. 거리에 수천 명의 노숙인이 있고, PC방이나 찜질방, 쪽방촌 등 집이라 부를 수 없을 만큼 열악한 환경에서 생활하는 사람들이 여전히 많습니다. 치솟는 집값을 잡고 저소득층에 안정적인 주거를 제공하는 일은 어떻게 해결할 수 있을까요?

요람에서 무덤까지, 복지 국가의 시작

"가난 구제는 나라님도 못한다"는 옛말이 있습니다. 그만큼 가난한 사람들을 나라가 책임지고 살 만하게 돌보는 것이 어렵다는 이야기입니다. 하지만 옛날부터 가난한 사람들을 구제하는 것은 국가의 중요한 책임이었습니다. 그래서 아주 오래전부터 **빈민 구제 제도**가 있었지요.

16세기 영국에서는 국가가 빈민을 돌보기 위해 '구빈법'을 만들었습니다. 구빈은 '빈곤을 구제한다'는 뜻으로, 노인, 아픈 사람, 가난한 사람, 고아에게 무료로 숙식을 제공하고,

빈민 구제 제도

삼국 시대 고구려에는 가난한 사람을 구제하는 진대법이 있었습니다. 진대법은 봄에 가난한 백성에게 곡식을 꾸어 주었다가 가을에 갚게 하는 제도입니다. 고려와 조선에서도 곡식이 떨어질 무렵이면 지방관이 가난한 백성에게 곡식을 꾸어 주는 제도가 쭉 이어졌습니다.

오늘날에는 빈곤층에 직접 쌀을 나누어 주는 경우도 있지만, 주로 현금을 지급하거나 낮은 이자를 받고 돈을 꾸어 주는 것으로 그 모습이 바뀌었습니다.

1780년, 영국 낸트위치에 지어진 이 구빈원에서는 가난한 사람에게 거처를 제공하고 일자리 마련을 도왔습니다.

이들이 묵는 곳을 '구빈원'이라 불렀습니다. 그런데 이 정도로는 가난을 근본적으로 해결하지 못합니다.

제1차 세계대전 직후 독일에서 만들어진 '바이마르 헌법'은 세계 최초로 '생존권'을 보장했습니다. 모든 인간은 누구나 인간다운 삶을 누릴 권리가 있으니 국가가 나서서 이를 보장해야 한다며, 생존권을 하나의 권리로 인정한 것입니다. 생존권의 주요 내용으로는 기본 소득 보장, 의식주를 누릴 권리, 교육받을 권리, 의료 보장, 노동 3권 등이 있습니다. 국가와 사회 구성원 전체가 함께 노력해 보장해야 한다는 의미로 '사회권'이라고도 부릅니다. 사회권은 인간으로서 존엄한 삶을 개인의 일로 미루지 않고 국가와 사회가 책임지겠다고 선언한 것에 중요한 의의가 있습니다.

그 후 제2차 세계대전 직전에 세계 경제가 폭락한 경제 공황(대공황)이 일어나자 사회권에 대한 관심이 높아졌습니다. 경제 공황으로 대량 실업이 발생하자 생계를 유지하기 힘든 사람들이 많아졌습니다. 그 결과 자살과 범죄가 증가하고 사회가 불안해졌습니다. 이전에는 가난을 개인이 게으르고 나태해서 생기는 일이라고 여겼지만 전쟁과 경제 공황을 겪으며 가난이 사회 구조적 문제임을 깨닫게 되었습니다.

빈곤이 심각해지자 경제적 불평등은 물론이고, 정치적 자유도 위기에 처했습니다. 그러자 국가가 적극적으로 개입해 실업과 빈곤 문제를 해결하고 자유와 평등을 지켜야 한다는 사회적 공감대가 형성되었습니다. 이때부터 빈부 격차를 줄이기 위한 국가의 본격적인 개입이 시작되었습니다. 복지 정책이 국가의 중요한 과제가 된 것입니다.

영국 정부는 제2차 세계대전 중에 "요람에서 무덤까지"를 복지 국가의 청사진으로 제시했습니다. 요람은 아기가 눕는 곳이니, 한마디로 태어나면서부터 죽을 때까지 국가가 평생 국민의 기본 생계를 보장하겠다는 것이었습니다. 영국은 모든 국민의 인간다운 삶을 보장하는 것을 국가의 과제로 삼았습니다. 공공 비용을 들여 이를 책임지겠다고 약속했습니다. 이때 생긴 개념이 '최저 생계비'입니다. 즉, 살아가는 데 꼭 필요한 최소한의 비용을 보장해야 인간으로서 존엄을 지킬 수 있다는 것입니다. 당시 영국 국민은 사회 보장 제도를 '하늘에서 내려온 선물'이라며 엄청난 지지를 보냈습니다.

그렇다면 복지는 어떤 효과를 불러올까요? 살다 보면 누구나 뜻하지 않게 질병이나 재해, 실직 등의 불행한 일에 맞닥뜨릴 수 있습니다. 갑작스러운 불행을 개인이 모두 책임지지 않고 국가가 나서서 공적으로 보호하겠다는 것이 복지의 핵심 개념입니다. 어떤 불행이 와도 국가가 나를 보호해 준다는 믿음이 있기에 평소에 안심하고 생업에 집중할 수 있습니다.

그리고 실제로 어려움이 닥쳤을 때 국가가 인간다운 삶을 지속하도록 보장해 주기 때문에 사회가 불안해지지 않고 안정적으로 굴러갑니다. 또한 어려움을 겪고 있는 사람에게 직업 훈련 기회 등을 제공해 자립할 수 있는 힘을 키워 줍니다. 다시 말해 국가가 기꺼이 국민에게 든든한 버팀목이 되어 주는 것이 복지의 가장 큰 효과라고 할 수 있습니다.

복지를 실천하는 사회 보장 제도

세계 여러 나라의 복지 정책은 생계에 꼭 필요한 기본 소득을 보장하는 것에서 출발합니다. 이를 위해 사회 보장 제도를 운영합니다. 사회 보장이란 실업, 질병, 사고, 장애, 양육, 정년퇴직 등으로 생기는 생계 위협을 공적인 자금, 즉 국가 예산을 들여 미리 예방하고자 합니다. 대표적인 예로 **4대 보험**이 있습니다.

4대 보험 중 국민연금은 개인 소득의 일정 비율을 연금보험료로 납부하는 것으로, 개인이 내는 비용만큼을 고용주나 국가가 똑같이 부담해 줍니다. 이를테면 매달 월급에서 국민연금으로 50만 원을 낼 경우, 기업이나 국가는 내가 낸 50만 원에 50만 원을 더 보태 매달 내 몫으로 100만 원을 적립합니다. 그러다 질병, 사고, 퇴직 등으로 혜택을 받을 상황이 오면 그동안 적립한 금액을 바탕으로 연금을 받게 됩니다. 국가가 평소에 나의 미래를 위해 세금을 쓴다니 왠지

4대 보험

국민연금, 건강 보험, 고용 보험, 산재(산업재해) 보험 4가지를 말합니다. 개인이 필요에 따라 가입하는 보험은 모든 비용을 개인이 내지만, 4대 보험은 해당 보험료를 고용주나 국가가 개인과 공동으로 부담하는 것을 원칙으로 합니다.

국민연금은 갑작스러운 질병이나, 사고, 노령으로 더 이상 일할 수 없는 나이가 되었을 때 그동안 납부한 보험료를 바탕으로 본인이나 유가족에게 연금을 지급합니다. 건강 보험은 아프거나 다쳤을 때 비싼 병원비가 부담되지 않도록 평소에 보험료를 미리 내는 것입니다. 고용 보험은 직장을 잃는 실업에 대해 준비하는 것이고, 산재 보험은 일하다 아프거나 다치는 상황을 미리 대비하는 것입니다.

든든하지 않나요?

우리나라 건강 보험은 소득에 따라 차이를 두어 보험료를 내지만, 아픈 상황이 되면 누구나 똑같은 혜택을 누립니다. 사회 구성원이 함께 연대해 질 높은 의료 서비스를 온 국민이 누리도록 서로 돕고 있는 셈이지요. 우리나라의 의료 복지는 정부가 적극적으로 개입하는 공공 의료로 국민의 건강을 책임지고 있어 세계적으로도 잘 만들어진 의료 보험 제도로 손꼽힙니다.

의료 보험에 대한 논의는 1948년 정부 수립 직후부터 존재했지만 2000년이 되어서야 현재와 같은 국민건강보험 체제가 완성되었습니다.

　국민연금과 건강 보험의 기초가 처음 만들어진 것은 박정희 정부 때입니다. 이때까지만 해도 적용 대상이 적고 국가는 최소한의 지원만 했지만, 1997년 외환 위기를 맞아 적극적인 법 개정이 이루어졌습니다. 바로 김대중 정부가 만든 '국민기초생활보장법'입니다. 이 법은 국가가 모든 국민의 인간다운 삶을 보장하기 위해 책임을 다하고, 국민은 인간다운 삶을 누릴 권리가 있다는 점을 분명히 했습니다. 생존권이 국민의 기본 권리로 명문화된 것입니다. 마치 제2차 세계대전 직후 영국에서 복지 국가 개념이 처음 생길 때와 비슷한 상황이었습니다. 그 이전까지는 단순히 취약 계층에만 베풀던 복지를 전 국민을 상대로 확대했다는 점에서 획

기적인 법 제정이었습니다.

외환 위기를 겪으면서 빈곤이 단지 한 개인이 무능하고 나태한 결과가 아니라 대량 실업 등 사회적 문제 앞에서 누구나 경험할 수 있는 일임을 온 사회가 다 같이 깨닫게 된 결과입니다. 이때부터 국민연금 제도가 전 국민에게 확대되고, 직장인이라면 고용 보험 등 4대 보험을 의무적으로 가입하게 되었습니다.

위기에 처한 사람들을 함께 돕는 사회적 안전망을 만들어 낸 지 어느덧 20여 년의 세월이 흘렀습니다. 그러나 어렵게 사는 사람들 숫자는 줄지 않고 오히려 늘어나고 있습니다. 특히 2020년에 시작되어 몇 년간 전 세계를 뒤흔든 코로나19의 유행은 이제까지와는 다른 복지 정책을 고민해 보게 합니다.

송파 세 모녀 사건 이후에도 국가가 놓치는 빈곤층이 여전히 존재합니다. 소득 기준을 낮추고 그 폭을 관대하게 넓혀 복지 혜택을 두루 제공하고, 지방자치 단체가 적극적으로 취약 계층을 찾아 보호해야 한다는 제안은 반복적으로 논의되지만, 가난 때문에 극단적인 선택을 하는 사람들은 줄지 않고 있습니다.

최근에 기본 소득을 수당으로 지급하자는 의견이 등장했

습니다. 특별한 자격 조건 없이 모든 국민에게 수당, 즉 돈을 직접 지급해 전 국민이 인간다운 삶을 살도록 보장하자는 것입니다. 물론 이 제도를 운영한다면 필요한 돈을 어디서 확보할 것인지, 조건 없이 돈을 주면 일하기 싫어 놀고먹는 사람들이 많아질까 걱정하는 의견도 있습니다.

복지에 필요한 예산은 어떻게 마련할까?

코로나19가 유행하자 정부는 고통받는 국민들에게 여러 차례 긴급재난지원금을 지급했습니다. 특히 1차 긴급재난지원금은 대한민국 국민이라면 누구나 받을 수 있었습니다. 소득이 충분한 사람들까지 지원금을 주기로 하자 세금을 낭비하는 것이다, 더 어려운 사람들을 도와야 한다 등 반대 의견이 만만치 않았습니다.

결국 모든 사람에게 똑같이 지원금을 지급하자 어떤 일이 일어났을까요? 무엇보다 어려울 때 국가가 내 곁에 있다는 든든함을 온 국민이 실감하는 계기가 되었습니다. 지급된 돈이 사회 곳곳에 흘러들러 움츠러든 경제에 숨을 불어넣기도 했습니다. 물론 재정적인 부담 때문에 1차 이후의 재난

지원금은 코로나19로 가장 어려움에 처한 소상공인, 청년층, 저소득층에 집중적으로 지급되었습니다.

이처럼 모든 국민을 대상으로 조건 없이 복지를 베푸는 것을 '보편적 복지'라고 합니다. 반면에, 소득 수준 등 기준을 두어 복지 대상을 가려 혜택을 주는 것을 '선별적 복지'라고 합니다. 보편적 복지의 대표적인 사례로는 모든 학생에게 제공되는 무상 급식이 있습니다. 보편적 복지는 비용이 많이 듭니다. 하지만 가난을 미리 예방할 수 있고 빈곤한 사람이 가난을 드러내지 않고도 남들과 똑같이 혜택을 받을 수 있다는 장점이 있습니다. 무엇보다 국민 모두가 자신이 낸 세금의 혜택을 누린다는 점에서 형평성도 갖춥니다.

선별적 복지는 취약 계층처럼 복지가 필요한 사람들에게 집중되기 때문에 비용 면에서 효율적입니다. 그러나 서비스 대상의 범위가 좁고 혜택을 받는 사람만 받을 수 있다는 점에서 형평성은 낮습니다. 그렇다면 우리나라는 현재 보편적 복지와 선별적 복지 중에서 어느 쪽 비중이 더 높을까요? 여러 가지 이유가 있지만 주로 재정적 부담 때문에 선별적 복지를 중심으로 운영됩니다.

국가가 복지를 제공하는 데는 돈이 필요합니다. 그 돈은 세금에서 나옵니다. 돈을 많이 벌면 세금을 많이 내고, 덜 벌면 세금을 적게 냅니다. 그 결과 돈을 더 많이 버는 사람이 낸 세금이 가난한 사람들을 위해 쓰입니다. 이 과정에서 한쪽으로 치우친 부가 다른 쪽으로 이동한다고 해서 이를 '부의 재분배'라고 합니다.

왜 모든 사람에게 똑같이 세금을 걷지 않고 부자에게 더 많이 걷을까요? 부는 개인의 노력만으로 이룰 수 없기 때문입니다. 부는 사회의 뒷받침을 받아 만들어집니다. 우리는 태어나 가정에서만 길러지지 않습니다. 가족뿐만 아니라 이웃의 보살핌을 받습니다. 학교에 다니면서 친구와 선생님께 배웁니다. 사회 여러 방면에서 만난 수많은 사람에게 가르침과 도움을 받으며 살아갑니다. 일터에서도 나의 능력과 노력만이 아닌 나를 둘러싼 수많은 사람의 도움으로 살아갑니다.

또한 교통이나 통신 같은 사회적 시설을 일상적으로 활용합니다. 즉, 어떤 사람이 부를 일구기 위해서는 숨 쉬듯 자연스럽게 사회 곳곳의 사람들과 자원의 지지를 받아야만 가능합니다. 우리는 모두 누군가와 도움을 주고받으며 사회 속에서 서로 연결되어 있습니다. 인간은 본래 공동체 속에서 살아가는 존재이기 때문에 경제적 부 역시 사회적으로 만들어집니다.

폭넓은 복지를 위해서는 재원 확보가 필수적이므로 사회적 합의가 이루어져야 합니다. 대표적인 복지 국가인 네덜란드, 북유럽의 덴마크·스웨덴·노르웨이 등은 평균 소득의 40~50퍼센트가량을 세금으로 냅니다. 반면에, 세금을 덜 내고 복지가 약한 나라로 미국이 있습니다. 미국은 대략 소득의 20퍼센트가량을 세금으로 냅니다. 우리나라는 어떨까요? 미국보다는 세금을 더 내고 북유럽보다는 덜 냅니다. 대략 소득의 25퍼센트가량을 세금으로 내는데 이는 OECD 평균 35퍼센트에 못 미치는 비율입니다.

우리나라는 어느덧 세계 10위권의 경제 대국이 되었습니다. 그러나 2021년 자료에 따르면, OECD 38개 회원국 중에서 우리나라는 최하위권에 속하는 낮은 조세 부담률과 작은 규모의 복지 재정을 기록하고 있습니다. 그리고 이는 최하위권의 행복 지수와 최악의 자살률로 연결됩니다. 나라는 부자가 되었는데 국민은 그 부를 누리지 못하는 것이 우리의 현실입니다. 스웨덴은 제2차 세계대전이 끝나고 조세 부담을 지금 수준으로 끌어올릴 때까지 수십 년이 걸렸다고 합니다. 어떤 분야의 복지를 늘리고 세금을 얼마큼 부담할지 등에 대한 사회적 합의를 이루는 데 그만큼 오랜 시간이 필요하다는 이야기입니다.

앞으로 우리 사회는 어떤 방향으로 복지 정책을 추진하면 좋을까요? 빈곤층을 돌보는 것을 넘어서 전 국민에게 교육과 주거, 의료 분야에 걸쳐 보편적 복지를 확대하는 것이 세계적인 추세입니다. 특히 주거 안정을 위한 대책 마련에 국민적인 관심이 매우 높습니다. 그러나 모든 복지 정책은 재정 없이 추진하기 어렵습니다. 시민 사회에서 머리를 맞대고 우리 사회 복지 정책의 방향에 대해 깊이 고민해 볼 때입니다.

평등

결정적 질문 ⑦

모든 사람이 인간답게

살 수 있을까?

민주주의는 자유와 평등이라는 두 가지 중요한 가치가 조화를 이루며 운영됩니다. 그동안 우리 사회는 시민의 정치적 자유와 참여를 확대하는 데 힘써 왔습니다. 그 결과 제도적으로 민주주의가 발전했고 시민들의 정치 의식 수준도 높아졌습니다.

요즘에는 모든 시민이 인간적인 삶의 질을 보장받는 실질적인 민주주의에 대한 관심이 많습니다. 교육과 취업 과정에서 평등과 공정한 분배가 주목받는 이유입니다. 또한 우리 헌법은 평등의 이념을 담고 있습니다. 실제로 우리 사회가 얼마나 평등한지 함께 살펴봅시다.

사람 위에 사람 없고, 사람 밑에 사람 없다

"난리 났네. 난리가 났어. 에이 참 잘되었지."

동학 농민군이 우리 마을에 도착했다는 소식이 들리자 너도나도 마을 어귀로 달려 나가 열렬하게 환영합니다. 그동안 마을 사람들을 괴롭히던 아전과 못된 양반들은 농민군이 왔다는 소식에 쏜살같이 달아났습니다. 이참에 사람 위에 사람 없고, 사람 밑에 사람 없는 세상을 만들자는 열망이 세상을 뒤엎을 만큼 끓어올랐습니다. 우리 마을 개똥이, 말똥이는 옆 마을로 진군하는 농민군을 따라나섰습니다. 농민군이 잇따라 관군을 격파하고 구름 떼처럼 늘어나자 그 기세에 눌려 싸워 보지도 않고 무기를 버리고 도망치는 관군도 있었습니다. 연거푸 승리를 거두며 전라도 일대를 차근차근 장악한 농민군은 마침내 전라도의 중심 도시인 전주에 입성했습니다.

1894년 동학 농민 운동은 우리 역사상 최대 규모의 농민 운동입니다. 전라도 고부에서 시작된 이 운동으로 농민들은 잘못된 세상을 바로잡으려고 했습니다. 불평등한 신분 제도를 없애는 것이 가장 중요한 목표였습니다. 동학이 전국적으로 빠른 속도로 퍼지는 데는 인내천人乃天이라는 교리가 가

동학 농민군을 이끌었던 전봉준은 일본군과 정부군에게 체포되어 교수형에 처해졌습
니다.

장 큰 역할을 했습니다. 인내천은 "사람이 곧 하늘이다", 즉
모든 사람은 평등하다는 주장입니다.

당시 조선 사회는 왕 아래 일부 양반이 권력과 부를 독점
하고 사회적 명예마저 독차지했습니다. 그 밑에 글을 좀 읽
고 쓰는 중인도 있었지만, 이들은 철저하게 양반을 돕는 역
할에 그칠 뿐이었습니다. 모름지기 양반쯤 되어야 사람들
앞에서 '에헴' 하고 큰소리치고 떵떵거릴 수 있었지요.

보통 사람들, 즉 농민을 중심으로 하는 평민들은 이런 세
상에 대단히 불만이 많았습니다. 왜냐하면 한 번 양반으로

태어나면 대대손손 특권을 물려받지만 평민은 갖가지 차별과 세금에 시달렸기 때문입니다.

평민으로 태어나면 아무리 똑똑해도 감히 정승과 판서의 자리를 넘보지 못했습니다. 그러나 양반은 벼슬에 나가지 않더라도 공부하는 것 자체가 나라를 위하는 길이라고 귀하게 여겼습니다. 지방이나 중앙의 학교에 이름만 올려 두면 **군역**을 면제받는 특권도 누렸습니다. 양반에게만 세금을 면제해 주었으니 엄청난 특혜를 누린 것입니다.

군역

군역은 고려에서 조선 시대까지 16세 이상 60세 이하의 남성이라면 모두 군대에 가던 제도를 말합니다. 본래 노비와 백정 등 천민을 제외한 모든 남성에게 의무적으로 부과되었지만 역시나 지배층은 면제받았습니다. 노비와 백정은 천민이라 사람으로 취급하지 않았기 때문에 군역의 의무를 지지 않는 대신 어떠한 권리도 보장받지 못했습니다.

군역은 매우 힘든 일이었기 때문에 조선 후기에는 농민들이 생업에 종사하기 위해 군대에 가는 대신 군포(옷감)를 내는 일이 잦아졌습니다. 국가는 이러한 현실을 반영해 군역 대신 군포를 걷는 균역법 실시했고 기존에 걷던 군포를 절반으로 줄였습니다. 그래도 백성에겐 큰 부담이었지요.

백성들은 군역 때문에 괴로웠습니다. 없는 살림에 군포(옷감)를 내는 것도 부담인데, 지방관이 지역마다 할당된 군포 양을 채우기 위해 돌아가신 아버지나 어린 자식 몫까지 군포를 내라고 강요하자 더욱 힘들어진 것입니다. 백성들은 어떻게든 군역을 피하려고 애썼습니다. 도망가거나 산속에 숨는 것은 기본이었습니다. 세금 내라는 독촉을 못 견뎌 온 가족이 극단적인 선택을 하기도 했습니다. 양반이 되는 것도 방법이었습니다. 양반 족보를 사고, 국가에 돈을 내고 관직을 사는 등 양반이 되기 위해 수단 방법을 가리지 않았습니다. 그만큼 평민이라는 이유로 당한 차별의 고통과 부담이 컸습니다.

급기야 조선 초기만 해도 전체 인구의 대략 10퍼센트 정도를 차지했던 양반이 조선 후기에 이르면 60~70퍼센트로 폭발적으로 늘어났습니다. 신분 제도에 대혼란이 일어난 것입니다. 이대로는 국가를 유지하기 어려울 지경이 되었습니다. 왜냐하면 평민에게만 세금을 걷어서는 더 이상 국가를 운영할 수 없었기 때문입니다.

조선의 지배층은 고민에 빠졌습니다. 이에 순조는 1801년, 전격적으로 공노비를 해방시켰습니다. 국가에서 소유한 노비를 평민으로 만들어 세금을 확보하려 했던 것입니다. 그렇지만 가장 근본적인 해결방안은 인구의 70퍼센트를 차지하는 양반이 평민과 똑같이, 공평하게 세금을 내는 것이지요. 그러나 이것은 만만치 않은 일이었습니다. 수백 년간 면세 특권을 누려 온 양반들이 하루아침에 특권을 포기하기란 쉽지 않았기 때문입니다.

1871년 흥선대원군은 호포제를 추진했습니다. 호포제는 양반 평민 구분 없이 천민을 제외한 16세 이상의 남자라면 모두 군포를 내는 것입니다. 양반들의 반발이 대단했습니다. 흥선대원군이 호포제를 밀어붙이자 평민들은 공자가 되살아 왔다며 환호했습니다. 그렇다면 호포제 실시로 모든 문제가 해결되었을까요? 그렇지 않습니다. 당시 세금은 지방 사또가 걷었는데 부정부패가 심했습니다. 사또가 되면 백성에게 세금을 착취해서 빼돌리기 쉬웠기 때문이지요. 조선 후기 돈을 주고 관직을 사는 일이 빈번한 가운데 가장 인기 있던 벼슬이 사또일 정도였습니다.

이 같은 배경에서 인내천을 내세운 동학이 급속도로 농촌 사회에 확산되었습니다. 이참에 잘못된 신분 제도를 무너뜨리고 부패한 관리를 없애 나라를 반석에 세우는 것이 백성들의 목표였습니다. 그러자 마침내 정부는 갑오개혁으로 신분 제도를 폐지했습니다. 동학 농민 운동으로 수천 년간 유지되던 신분 제도는 역사 속으로 사라졌습니다. 수많은 사람이 불평등한 신분 제도를 없애야 한다고 뜻을 모아 행동한 결과였습니다.

신분 제도가 사라진 지 100여 년의 세월이 흘렀습니다. 그렇다면 제도적으로 모두가 평등해진 지금, 우리는 실제 생활에서도 모두 평등하게 살고 있을까요? 현재 우리 사회의 모습은 어떤가요?

공정이 중요한 가치가 된 사회

한 여론 조사에 따르면, 국민 70퍼센트는 우리 사회가 불평등하고 공정하지 않다고 생각합니다. 가끔 입시 부정, 취업 비리 사건이 터지면 분노하는 여론이 들끓습니다. 누군가 규칙을 어기고 기회를 차지하거나 새치기 하고 특혜를 받으면 참기 어렵지요. 공정하지 않기 때문입니다. 지금 청년들에게 진학이나 취업 과정에서의 '공정'은 굉장히 중요한 가치로 자리 잡았습니다.

많은 사람이 학교에서 좋은 성적을 얻어 이름 있는 대학에 가고 대기업에 취업해 높은 연봉을 받는 삶을 꿈꿉니다.

그러기 위해 사회에 나가기 전까지 아니, 그 이후에도 계속 자신의 능력을 시험 점수와 자격증으로 증명하려고 노력합니다. 그렇다면 우리 사회는 모든 사람에게 자신의 능력을 펼치고 노력할 수 있는 기회를 공정하게 주고 있을까요?

애초에 공정한 과정은 있을 수 없다는 주장이 있습니다. 어떤 가정에서 태어났느냐에 따라 부모 찬스를 쓸 수 있는 사람과 그렇지 못한 사람이 있습니다. 대학 수학 능력 시험에서 고득점을 얻은 수험생에게 가장 큰 영향을 미친 요인은 부모의 경제력이라고 합니다. 학교 교육보다 사교육 기회를 얼마나 많이 가졌느냐에 따라 성적이 달라지는 것이지요. 우리 사회의 씁쓸한 현실입니다.

저마다 지닌 다양한 적성과 자질을 키울 기회 역시 평등하지 않습니다. 만약 예체능에 재능을 타고났는데, 경제력이 뒷받침되지 않으면 기회를 얻기 어렵습니다. 성적이 뛰어나도 가정 형편이 어려워 대학 진학을 포기하거나 도중에 그만두는 사람이 많습니다. 가난하거나 장애를 가지고 태어날 경우, 처음부터 시도해 볼 수 있는 기회 자체가 부족한 상태에서 출발합니다.

개인의 능력이라는 것도 곰곰이 살펴볼 필요가 있습니다. 우리 모두는 각자 자신만의 독특한 재능과 자질을 타고납니다. 능력이 있다고 할 때 그것은 단순히 공부를 잘하는 것만을 의미하지 않습니다. 우리는 그야말로 우연하게 각자 다른 다양한 능력을 가지고 태어납니다. 그런데 그런 재능이나 노력을 지원할 수 있는 환경 역시 우연히 결정되지요. 살아가는 데 결정적 역할을 하는 부분들이 모두 우연히 결정된다는 점이 놀랍습니다.

말하자면 우리는 처음부터 기회의 불평등을 안고 삶을 시작합니다. 이 상황을 그저 운으로 맡겨 두면 불공평하지 않을까요? 대부분의 사회는 출발에서 나타나는 불평등한 차이를 줄이기 위해 여러 가지 제도를 만듭니다. 이를테면 가난한 사람과 장애인 등에게 진학할 때 더 많은 기회를 제공하고 취업에서 가산점을 줍니다.

그러나 여전히 우리 사회는 교육 기회의 불평등이 취업과 소득에서의 불평등, 더 나아가 가난과 부의 대물림이라는 불평등의 악순환으로 이어집니다. 빈부의 양극화가 심해지면서 상류층이 점점 고착화되는 현상이 나타납니다. 신분 제도는 엄연히 사라졌지만 질 좋은 교육 기회를 충분히 누리는 새로운 계층이 사회를 지배하는 세상이 되었다는 비판이 있을 정도입니다.

기회의 불평등을 완전하게 없애는 것이 불가능하다면 불

평등을 받아들이는 수밖에 없을까요? 결과의 불평등에서 나타나는 차이를 줄여야 한다는 주장이 있습니다. 결과의 불평등은 어떤 것일까요? 대기업에서 일하는 노동자와 비정규직 노동자는 임금에서 크게 차이가 납니다. 서로 다른 일을 하니 임금에서 차이가 나는 건 당연하다고 말하는 사람이 있을 수도 있겠습니다. 그렇다고 임금이 2~3배씩 차이가 나는 것도 당연한 결과라고 할 수 있을까요? 또한 대기업 노동자와 기업 총수의 임금이 100배 넘게 차이가 난다면 이것은 과연 공정한 것일까요? 우리 대부분은 이러한 임금 차이를 그다지 큰 문제라고 생각하지 않습니다. 그저 노력에 따른 결과라고만 여기기 때문입니다.

흔히 이름 있는 대학교에 못 가거나 좋은 일자리를 구하지 못하면 노력이 부족해서, 게을러서, 능력이 없어서라고 생각합니다. 경쟁에서 밀려나면 불안정한 일자리와 낮은 임금, 열악한 주거 환경 등 일상생활에서 생기는 불평등을 고스란히 받아들여야 할까요? 모든 사람이 똑같은 임금을 받아야 한다거나 똑같은 생활 수준으로 살아야 한다고 말하는 것이 아닙니다. 불평등은 인류 역사 이래로 계속 있어 왔습니다. 다만 능력을 인정받은 사람들에게 경제적 보상을 과도하게 몰아주는 것이 아닌지 짚어 보자는 겁니다. 불평등이 지나쳐 인간으로서 존엄한 삶을 누리기 힘든 사람이 많아진다면 보완하자는 겁니다. 능력에 따른 보상의 차이를 줄여 나가자는 이야기입니다.

벌어질 대로 벌어진 임금 격차를 줄여야 한다는 주장에 반대하는 사람들의 의견도 만만치 않습니다. 공정한 경쟁이 사회가 성장하고 발전하는 원동력이라고 믿기 때문입니다. 우리나라의 경제 성장은 경쟁을 거쳐 이루어진 것이 사실입니다. 이들은 지금의 능력에 따른 보상과 그 격차에 대해 별 문제가 없다고 생각합니다.

그러나 최근 세계 경제의 변화는 이제까지의 공정한 경쟁에 대해 다시 생각해 보게 합니다. 인공 지능 등 과학 기술의 발달로 사람이 하던 일을 로봇이 대체해 일자리가 대폭 줄어들고 있습니다. 앞으로 인간이 할 수 있는 얼마 안 되는 일자리는 여태까지와 다른 성격을 띨 것이라고 합니다. 지금까지 우리 사회는 청년 세대에게 좋은 학교, 좋은 직장을 얻으려면 공정한 경쟁에서 이겨야 한다고 강조했습니다. 그 결과 청년 세대의 에너지가 시험 점수, 영어 성적, 스펙 쌓기 등 한 방향으로 쏠렸습니다. 대단한 사회적 낭비입니다. 이제라도 청년들이 미래 사회에 적응하고 다양한 분야의 능력을 키울 수 있게 사회가 어떻게 지원하고 도울지 고민해야 할 때입니다.

어느새 청년들은 사회적 약자와 비슷한 자리에 위치하게 되었습니다. 청년 세대는 그동안 기회와 과정에서의 공정에 관심을 기울여 왔습니다. 여기서 더 나아가 결과의 평등을 확대하기 위해 어떻게 제도를 개선하고 만들면 좋을지 좀더 고민해야 할 것입니다. 어떤 제도를 바꿀 때 이미 권리를 누리던 쪽은 크게 반대할 것입니다. 이때 필요한 것이 시민 사회의 합의와 토론입니다. 정치는 시민 사회가 의견을 조율하는 데 적극적으로 나서야 합니다.

사회 곳곳에 퍼져 있는 차별

여러분은 혹시 살면서 차별을 받아 본 적이 있나요? 우리는 자라면서 어떤 이유로든 차별을 하거나 받아서는 안 된다고 배웁니다. 하지만 우리 사회 곳곳에는 누군가를 차별하고 배제하는 분위기가 퍼져 있습니다. 다양한 이유로 차별받는 사람들이 생각보다 많습니다. 직접 차별받은 경험이 아니더라도, 주위 사람이나 TV 또는 인터넷 등에서 차별받는 사람들의 이야기를 쉽게 접할 수 있습니다.

재산, 성별, 학력에 따른 차별은 흔합니다. 이 외에도 국적이나 인종, 나이, 성적 정체성이나 장애 여부에 따른 차별도 있습니다. 하다못해 외모에 따라 사람을 다르게 대하기도 합니다. 문제는 이런 차별이 대부분 태어나면서부터 주어진 조건을 대상으로 한다는 점입니다.

태어났을 때 우연히 얻은 조건에 따라 특혜나 차별을 받는다면 얼마나 불공평한 일인가요. 그래서 인류는 차별 문제를 해결하는 데 오랫동안 관심을 기울여 왔습니다. 어쩌면 인류의 역사는 차별 없는 평등한 세상을 만들기 위한 여정이었다고 말할 수 있습니다.

과거에는 신분 제도에 따른 차별이 문제였습니다. 오늘날은 주로 사회적 약자와 소수자를 대상으로 하는 차별이 많습니다. 가난 때문에 기회를 놓치고, 여자라서 또는 장애인이라서 일터에서 고용에 차별받고, 나이가 어리거나 많다는 이유로 생활 속에서 차별을 받습니다. 사람들이 손가락질할까 봐 성소수자라는 자신의 정체성을 숨기고 살기도 합니다. 차별은 인간다운 삶을 누리는 데 걸림돌이 됩니다. 그래서 사회와 국가는 사회적 약자를 보호하기 위해 다양한 제도를 마련합니다.

대표적 예로 '장애인차별금지법'이 있습니다. 이 법은 장애인이 일상생활에서 불이익을 받지 않도록 보호하고 교육이나 취업에서 기회를 보장합니다. 즉, 장애인이 사회의 일원으로 보통 사람과 똑같이 살아가도록 돕기 위해 만들어졌습니다. 그럼에도 장애인들은 일상생활에서 크고 작은 불편을 겪습니다.

출근 시간대에 장애인들이 이동권 보장을 요구하며 지하철에서 시위를 한 적이 있습니다. 휠체어를 타고 내리는 시간 때문에 지하철 운행이 지연되자 시민들은 불편함을 호소했습니다. 지하철을 운영하는 공공 기관 역시 장애인들에게 바쁜 출퇴근 시간대에 시위를 자제해 줄 것을 요청했지요.

장애인은 버스, 지하철 등 대중교통을 이용하기가 아주 어렵습니다. 대중교통이 비장애인을 염두에 두고 만들어졌기 때문입니다. 여러분은 휠체어를 탄 장애인이 버스를 탄 모습을 본 적이 있나요? 아마 거의 없을 것입니다. 타고 내리는 문 높이를 낮춘 저상 버스가 장애인·노약자·임산부 등 교통약자들을 위해 본격적으로 보급된 것은 2004년경부터입니다. 2020년 기준으로 휠체어 탑승이 가능한 저상 시내버스는 전국 평균 28퍼센트 정도입니다. 더군다나 저상 시외버스와 고속버스는 전국적으로도 몇 대 되지 않습니다.

계단을 오르내리기 힘든 교통약자를 위해 지하철 역에 설

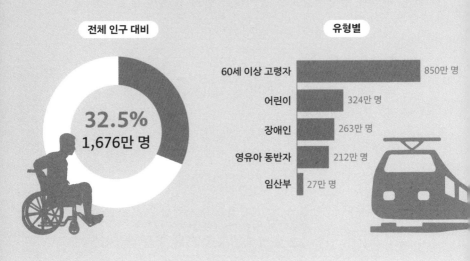

교통약자 현황 (2020년 말 기준)

자료: 국토교통부·한국교통안전공단

전체 인구 대비

32.5%
1,676만 명

유형별

60세 이상 고령자	850만 명
어린이	324만 명
장애인	263만 명
영유아 동반자	212만 명
임산부	27만 명

전체 인구의 약 30퍼센트는 교통약자입니다. 누구나 언제든 약자가 될 수 있음을 잊지 말아야 합니다.

치한 엘리베이터를 본 적 있을 겁니다. 우리나라 지하철역에 엘리베이터가 설치되기 시작한 것은 장애인들이 이동권 보장을 줄기차게 요구하며 나타난 변화입니다. 그러나 정작 휠체어를 탄 장애인이 지하철 엘리베이터를 이용할 때 시민들이 양보하지 않아 탑승하지 못하는 안타까운 일이 빈번하다고 합니다. 약자를 배려하는 시민 의식이 아쉬운 대목입니다. 아직까지 우리나라의 모든 지하철역에 엘리베이터가 설치되지는 못했습니다. 예산의 한계를 이유로 엘리베이터

설치를 비롯한 여러 사업이 미루어졌기 때문입니다.

　장애인 이동권은 단순히 버스나 지하철을 탈 수 있느냐 마느냐의 문제로 그치지 않습니다. 교통수단을 이용하지 못하면 어떤 일이 일어날까요? 학교에도 직장에도 나가기 어렵겠지요. 친구를 만나는 것도 어렵습니다. 사람은 집 밖에 나가지 못하면 고립됩니다. 그러므로 이동권 보장은 장애인에게 생존이 달린 문제이기도 합니다.

　출퇴근 시간대 시위로 큰 소리가 나고서야 비장애인들은 장애인이 대중교통을 이용하는 과정에서 고통을 겪는다는 사실을 알게 되었습니다. 더 이상 참을 수 없는 고통을 처절하게 호소해야, 그리고 직접적으로 나에게 불편함이 미쳐야 우리는 비로소 사회 한쪽에서 어려움을 겪는 사람들에게 관심을 두기 시작합니다. 누구나 차별받지 않고 인간으로서 누릴 수 있는 기본권을 보장받기 위한 제도의 변화는 참으로 더디게 일어납니다. 당사자에게는 긴급한 일이라도 사회 구성원들이 관심을 두지 않으면 아무 것도 달라지지 않기 때문입니다. 시민이 그 문제에 관심을 가지고 공감하고 연대하면 비로소 법과 제도의 변화가 시작됩니다. 그것이 바로 공동체 안의 여러 구성원이 겪는 어려움에 관심을 기울여야 하는 이유입니다. 함께 잘 사는 것, 즉 공존이 그 어느 때보다 중요해지고 있습니다.

장애는 선천적이기도 하고 불의의 사고나 질병으로 얻을 수도 있습니다. 따지고 보면 우리 모두는 어린 시절과 노년기를 거칩니다. 누구나 한 번쯤은 사회적 약자가 된다는 이야기입니다. 또한 누구나 살면서 뜻하지 않게 장애인이 될 수도 있습니다. 장애를 가졌다 해도 차별받아서는 안 되며 공동체 속에서 함께 살 수 있는 환경을 만들어야 한다는 인식이 널리 퍼지고 있습니다. 더디지만 사회가 평등을 위한 방향으로 나아가고 있다는 점에서 반가운 일입니다. 장애인에 대한 차별을 없애는 제도가 어떻게 실현되는지 계속 관심을 가지고 지켜보아야 하겠습니다.

혐오를 넘어 폭력으로

여성이 선거권을 가지게 된 것이 불과 100여 년 전이라는 사실을 알고 있나요? 모든 사람이 참정권을 가지게 된 계기는 18세기 프랑스 혁명이 시작이었습니다. 프랑스 혁명은 불평등한 신분 제도를 깨기 위해 시민이 들고일어난 사건입니다. 이때 시민들은 모든 사람의 자유와 평등을 보장하기 위해 정치에 참여할 수 있는 권리, 즉 참정권을 요구했습니다. 그만큼 정치 참여는 세상을 바꾸려는 사람들에게 가장 중요한 권리입니다. 그러나 혁명 직후에는 재산이 많은 남성에게만 투표권이 주어졌습니다.

19세기 후반 영국과 미국 등에서 수많은 여성이 집회를 열어 참정권을 요구했습니다. 이 과정에서 투표권을 요구했다는 이유만으로 일부 여성들이 감옥에 갇혔습니다. 그러다 제1차 세계대전을 겪으며 전쟁터에 나간 남성을 대신해 여성들이 공장을 돌리고 사회 참여가 활발해지면서 미국은 1920년에, 영국은 1928년에 여성도 남성과 똑같이 선거권을 가지게 되었습니다. 남녀 구분 없이 누구나 일정한 나이가 되면 투표권을 가지는 제도가 상식이 되기까지 프랑스 혁명 이후 100년 이상의 시간이 걸렸습니다.

우리나라는 1948년 정부가 수립될 때 여성도 남성과 동등하게 참정권이 주어졌습니다. 그러나 사회적으로 남성 위주의 가부장제가 뿌리 깊어 오랫동안 여성을 제도적으로 차별했습니다. 이를 단적으로 보여 주는 것이 지금은 없어진 '호주제'입니다. 호주제는 국민을 가족 단위로 묶고 그 가족을 대표하는 사람을 '호주'라고 불렀습니다. 그렇다면 누가 호주가 되었을까요? 남성에게 우선권을 주었습니다. 여성은

영국에서는 제1차 세계대전이 끝난 후인 1918년, 30세 이상의 여성에게 처음으로 참정권이 주어졌고, 1928년에 이르러서야 21세 이상의 모든 여성에게 참정권이 부여되었습니다.

결혼 전에는 아버지, 결혼 후에는 남편, 남편이 사망하면 아들을 호주로 따랐습니다.

만약 부부와 자녀로 구성된 가족의 경우 갑작스럽게 남편이 사망하면 누가 호주가 될까요? 자녀 중에 아들이 있다면 아들이, 아들이 없고 딸만 있다면 딸이 호주가 됩니다. 여성은 자녀가 없어야만 호주가 될 수 있었습니다. 즉, 호주제에는 가족의 대표는 으레 남성이어야 한다는 차별이 담겨 있었습니다. 이 호주제는 아들을 낳아 대를 이어야 한다는 남아 선호 사상을 부추겼습니다. 결국 인권을 침해한다는 비판을 받아 2008년에 폐지되었습니다.

농경 사회에서는 아들이 부모의 노년을 책임지고 제사를 모셨기 때문에 남성 위주의 가부장적인 의식이 사회적으로 널리 통했습니다. 그러나 여성의 사회 진출이 늘어나면서 남녀의 역할을 가정과 사회에서 구분 지을 이유가 사라졌습니다. 호주제 폐지에서 보이듯 사회 구조가 변하면 사람들의 생각 역시 달라집니다. 이를 반영해 제도도 바뀝니다.

여성의 사회 진출이 늘어나면서 한정된 일자리를 두고 남성과 경쟁하고 갈등이 불거지기 시작했습니다. 요즘도 성별 갈등은 여전히 큰 쟁점입니다.

여성들은 출산과 육아에서 남성보다 여성에게 더 큰 책임을 지우는 사회 분위기를 문제라고 여깁니다. 출산과 육아로 경력이 단절되거나 부부가 똑같이 일하고도 퇴근 후에 여성이 가사의 대부분을 맡는 것을 더 이상 참지 않겠다고 합니다. 반면에, 남성들은 가사에서 남성의 기여도가 점차 높아지고 있고, 여성의 사회 진출이 충분히 보장되면서 오히려 역차별을 당한다고 주장합니다. 또한 여성은 육체적으로 힘든 일을 남성에게 미루며 군대도 가지 않으니 남성에게 더 유리한 부분은 없다고 이야기합니다.

남성과 여성의 입장 차이는 현실 세계를 넘어 사이버 세상에서 더욱 격렬한 갈등과 대립, 논쟁으로 이어지고 있습니다. 서로를 깎아내리기 위해 극단적인 표현을 서슴지 않습니다. 상대방을 비난하고 대립과 미움을 조장하기 위해 쓰는 언어들을 '혐오 표현'이라고 부릅니다. 동서고금을 막론하고 여러 사회에서는 내가 소속한 집단과 다른 집단을 구분하기 위해 다른 집단을 깎아내리는 표현을 쓰곤 했습니다. 피부색, 민족, 성별이 다르다는 단순한 이유로 다른 집단을 깎아내리고 차별하는 표현들을 쉽게 떠올릴 수 있을 것입니다.

혐오 표현은 사람들 사이에서 차별하는 마음을 더 커지게 합니다. 이렇게 생긴 편견은 생각만으로 그치지 않고 직접적인 폭력으로 이어지기도 합니다. 코로나19가 퍼지면서 미국과 유럽에서는 아시아인에 대한 폭력과 조롱이 널리 확산되었습니다. 코로나19가 중국에서 시작되었다는 이유만으로 아시아인에 대한 터무니없는 폭행 사건이 이어졌습니다. 그것은 인종에 대한 편견이 평소에 숨겨져 있다가 공동체가 위기에 처했을 때 폭력으로 드러난 대표적인 사례입니다. 이 사례는 평소에도 차별을 부추기는 언어들을 규제해 사회적 약자를 보호하고, 편견이 퍼지는 것을 막자는 주장을 뒷받침합니다.

차별 없는 세상을 만들려면

　유럽에서는 일찍이 **차별금지법**을 만들어 사회적 약자를 보호하기 위해 노력하고 있습니다. 차별금지법은 성별, 장애, 나이, 국적, 외모 등 신체조건, 종교, 성별 정체성, 임신 또는 출산, 사상과 정치적 의견, 학력, 병력 등에서 차별을 금지합니다. 이 법의 목적이 모두가 평등한 세상을 만드는 것이기 때문에 '평등법'이라고 부르기도 합니다. 평등법은 작게는 다른 사람을 차별하는 언어를 사용하는 것부터 크게는

차별금지법

　차별금지법은 불합리한 차별을 금지하고 인권을 보호하기 위해 제정되었습니다. 19세기에 인종 차별에 반대하며 만들어지기 시작한 이 법은 오늘날에는 다양한 소수자들의 인권을 보호하는 것으로 범위가 확장되었습니다. 미국의 '시민권리법'(1866), 뉴질랜드의 '인권법'(1997), '영국의 평등법'(2006) 등이 대표적입니다.

　현재 우리나라에서 헌법에 평등의 이념이 담겨 있음에도 차별금지법을 제정하자고 주장하는 이유는 성별, 장애, 나이, 출신 국가, 인종, 신체 조건, 종교, 사상, 성적 지향, 학력 등에 따라 교육과 고용 등에서 차별받는 현상이 광범위하게 나타나고 있기 때문입니다.

성소수자 차별을 반대하는 단체인 '무지개행동'이 여의도 국회의사당 앞에서 차별금지법
제정을 촉구하며 행진하고 있습니다.

교육이나 직업 선택에서 생기는 차별을 법으로 금지합니다.

차별금지법은 차별하는 행동과 제도를 막는 목적 외에도
차별하는 생각, 즉 편견이 퍼지는 것을 막는 데도 효과적입
니다. 마치 과속 감시 카메라가 과속하는 운전자에게 벌금
을 걷기 위해서가 아니라 과속을 막아 사람들의 생명과 재
산을 보호하기 위해 설치된 것과 마찬가지 이치입니다.

그렇다면 우리나라는 차별금지법이 언제 제정되었을까

요? 2007년에 차별금지법이 제안되었습니다. 그러나 몇 년째 국회를 떠돌 뿐 법 제정으로 이어지지 못하고 있습니다. 이미 여론 조사에서는 3분의 2이상의 국민들이 차별금지법의 취지에 공감하고 법을 만드는 것에 찬성합니다.

하지만 일부 종교 단체를 중심으로 법 제정에 반대하고 있습니다. 차별금지법에서 보호할 대상으로 언급한 성별 정체성을 문제 삼은 것입니다. 이 외에도 반대하는 쪽에서는 차별금지법이 개인의 표현의 자유를 제한할 수 있다는 점을 지적합니다. 차별을 담은 혐오 표현 사용을 법적으로 제한하기 때문입니다.

유엔은 수년째 우리 정부에 차별금지법을 만들 것을 권고하고 있습니다. 법 제정이 미루어지면서 사회적 소수자에 대한 편견이 퍼지는 것을 막고 이들의 인권을 보호하는 일이 지연되고 있습니다. 찬반 의견 사이에서 사회적인 합의를 이끌어 내기 위해 정치가 일을 더 해야 할 것입니다.

우리는 모든 사람을 평등하게 대해야 한다고 배우며 자랍니다. 하지만 자신도 모르게 나와 다른 사람에게 편견이나 차별적인 시선을 가지고는 합니다. 때로는 나 자신이 차별의 대상이 되기도 합니다. 그런데 그 차별이 생각에 그치지 않고 교육이나 일자리를 얻거나 사회생활을 하는 데 불이익으로 돌아온다면 어떨까요? 사회적 편견을 넘어 제도적인 차별을 그냥 둘 수 없는 이유입니다. 이것은 결국 우리 모두의 문제이기 때문입니다.

신분 제도 폐지, 여성 참정권, 호주제 폐지, 장애인차별금지법 등 오늘날 우리가 당연하게 여기는 평등에 관한 법과 제도들은 인류 역사에서 오랜 시간을 거쳐 차근차근 개선되어 왔습니다. 사회적 가치가 모든 사람의 평등을 보장하는 방향으로 움직임에 따라 제도도 발맞추어 변화했던 것입니다.

최근에 등장한 동물권은 인간을 넘어 더 넓은 범위의 생명에게까지 권리를 확대할 것을 요구합니다. 심지어 기후 위기와 생태 위기에 대응하기 위해 산이나 강, 바다 같은 자연의 권리, 즉 자연권을 인정하자는 제안까지 나타났습니다. 앞으로도 사회가 변해 감에 따라 더 다양한 존재들을 차별 없이 존중하자는 의견이 등장할 듯합니다.

경제가 성장하고 민주주의가 발전하면서 헌법에서 보장한 평등이 삶에서 실현되도록 제도와 법을 정비하는 데 관심이 높아지고 있습니다. 모든 인간이 존엄하게 살기 위해서는 차별받는 당사자뿐만 아니라 시민이 함께 공감하고 연대하는 것이 중요합니다. 우리는 세상에서 공존하며 살아가

고 있기 때문입니다. 모든 시민이 삶에서 실질적인 평등을
보장받도록 다양한 차원의 제도를 만드는 일에 적극적으로
관심을 두어야겠습니다.

교과 연계

참고 자료

결정적 질문 1
- 다큐멘터리 〈역사 다시 보기-5·18 민중항쟁〉, 민주화운동기념사업회
- '5·18 기념재단' 홈페이지

결정적 질문 2
- 유시춘, 《역사 다시 읽기 2 - 6월 민주항쟁》, 2003, 민주화운동기념사업회
- 다큐멘터리 〈역사 다시 보기- 6월 민주항쟁〉, 민주화운동기념사업회
- '민주화운동기념사업회' 홈페이지
- '중앙선거관리위원회' 홈페이지
- '6월항쟁' 홈페이지

결정적 질문 3
- 이상신 외, 〈KINU 통일의식조사 2021〉, 통일연구원, 2021
- 전명혁, 〈인민혁명당사건〉, 한국민족문화대백과사전, 2012
- '제주4·3평화재단' 홈페이지
- '통일연구원' 홈페이지
- '4·9통일평화재단' 홈페이지

결정적 질문 4
- 염경미 외, 《중학교 더불어 사는 민주시민 교과서》, 경기도교육청, 2019
- 박은평, 〈[중대재해법] 김미숙 김용균재단 이사장 "일터에서 죽음 맞는 사람 없도록"〉, 이투데이, 2022년 01월 27일자
- 〈꼬리에 꼬리를 무는 그날 이야기-전태일이 몸에 불을 붙일 수밖에 없었던 그날, 우리는 기계가 아니다〉, SBS, 2021
- 국가통계포털, 〈근로자당 연평균 실제 근로시간(OECD)〉, 2021
- '전태일재단' 홈페이지
- '청소년근로권익센터' 홈페이지
- '청소년근로보호센터' 홈페이지

결정적 질문 5
· 에릭 리우 외, 《민주주의의 정원》, 김문주, 웅진지식하우스, 2017
· '참여연대' 홈페이지

결정적 질문 6
· 박홍규, 《복지국가의 탄생》, 아카넷, 2018
· 안재성, 〈광주대단지사건-"산업화의 뒤안길, 도시빈민들의 처절한 투쟁"〉, 오픈아카이브, 2016
· 〈꼬리에 꼬리를 무는 성남 이야기〉, 2021, 성남TV

결정적 질문 7
· 박권일, 《한국의 능력주의》, 이데아, 2021
· 지그문트 바우만, 《왜 우리는 불평등을 감수하는가?》, 안규남 옮김, 동녘, 2013
· 홍성수, 《말이 칼이 될 때》, 어크로스, 2018
· '전국 장애인 차별 철폐연대' 홈페이지

사진 출처

- 22쪽 ©경향신문
- 31쪽 ©경향신문
- 47쪽 ©Nathan Benn, (사)이한열기념사업회
- 52쪽 ©국가기록원
- 59쪽 ©국립민속박물관
- 73쪽 ©미국국립문서 기록관리청(NARA)
- 76쪽 ©한국정책방송원(KTV)
- 87쪽 ©연합뉴스
- 126쪽 ©연합뉴스
- 151쪽 ©성남시

10대를 위한
정치를 바꾼 결정적 질문

초판 1쇄 2022년 7월 13일

지은이 박미영

펴낸이 김한청
기획편집 원경은 김지연 차언조 양희우 유자영 김병수
마케팅 최지애 현승원
디자인 이성아 박다애
운영 최원준 설채린

펴낸곳 도서출판 다른
출판등록 2004년 9월 2일 제2013-000194호
주소 서울시 마포구 양화로 64 서교제일빌딩 902호
전화 02-3143-6478 **팩스** 02-3143-6479 **이메일** khc15968@hanmail.net
블로그 blog.naver.com/darun_pub **인스타그램** @darunpublishers

ISBN 979-11-5633-477-4 (44000)
          979-11-5633-441-5 (세트)